读客文化

工作一年拉开差距：
逻辑思考

日本顾彼思商学院（グロービス）　著

梁俏萍　译

入社1年目から差がつく
ロジカル・シンキング練習帳

文匯出版社

图书在版编目（CIP）数据

工作一年拉开差距 ：逻辑思考 / 日本顾彼思商学院
著 ；梁俏萍译. -- 上海 ：文汇出版社，2022.8

　ISBN 978-7-5496-3788-1

　Ⅰ．①工… Ⅱ．①日… ②梁… Ⅲ．①思维方法

Ⅳ．①B80

　中国版本图书馆CIP数据核字(2022)第101764号

工作一年拉开差距：逻辑思考

作　　　者 /	日本顾彼思商学院	
译　　　者 /	梁俏萍	
责任编辑 /	戴　铮　　　邱奕霖	
特约编辑 /	李思语	
封面设计 /	于　欣	
出版发行 /	文匯出版社	
	上海市威海路 755 号	
	（邮政编码 200041）	
经　　　销 /	全国新华书店	
印刷装订 /	河北中科印刷科技发展有限公司	
版　　　次 /	2022 年 8 月第 1 版	
印　　　次 /	2022 年 8 月第 1 次印刷	
开　　　本 /	880mm×1230mm　1/32	
字　　　数 /	105 千字	
印　　　张 /	8	

ISBN 978-7-5496-3788-1
定　　　价 / 49.90 元

侵权必究
装订质量问题，请致电010-87681002（免费更换，邮寄到付）

前言

● **怎么样算是懂得逻辑思考？**

本书介绍的思考技巧，是我十几年间与众多社会人士在课堂上进行多次演练、讨论而逐渐归纳出来的。这包括了"很容易陷入的思考误区"以及"只要提前思考，所获成果就能大大不同的要点"。懂得逻辑思考的人，就是指能够充分理解这种细微的误区和要点，并进行思考的人。

本书是面向第一次接触逻辑思考的人，以及即将步入社会的职场新人的入门书。在这里，我们挑选了20个看似理所当然，实际上却出乎意料的有难度的关键技巧展现给大家。

● 本书内容还覆盖了日益彰显重要性的AI编程

这20个关键技巧是从我们教学的多个科目中提取出来的。从结果来看，其内容不仅包含了我们所说的"逻辑思考"与"沟通"范畴，还涵盖了"数字"的应用，以及重要性日益彰显的"AI编程"等内容，这也是本书的特别之处。本书内容由以下5个章节构成。

● 第1章　首先从证据开始思考

这个主题可以说是逻辑的基本，它与另外4个章节的内容均有关联，是思考的基石。

● 第2章　正确认识正在发生什么事

本章内容的出发点是使思考具有逻辑，它是在启动任何思考时的起点。

● 第3章　让数字去工作

有逻辑的人能够灵活运用数字。本章的目的是让大家能够很好地活用数字来思考。

● 第4章　"传达"清楚，"听"清楚

仅是自己能够有逻辑地思考问题，还是无法得出成果。本章是介绍与对方沟通时必要的思考方式。

● 第5章　让计算机成为你的伙伴

"逻辑"是计算机擅长的领域。本章讲的是今后必需的面向未来的思考方式。

本书内容按照【基石】→【起点】→【活用】→【对方】→【未来】的顺序构成，便于促进读者理解。

● 如果只是改变思维但无法实践的话，那么毫无意义

每一个思考技巧，都是最基础的东西。或许有不少读者在读了本书之后，会感觉说的都是理所当然的事情。然而，哪怕是最基础的事情，往往是在脑海中明白，但一旦想尝试去做的时候就发现做不到的事情。因此，本书分三步走，让大家循序渐进地理解，最终使脑海中明白的事尽可能多地变成能做到的事。

首先，通过例题去解说应该如何思考问题，同时，本书会为大家展示思考的每一个步骤。由此，请大家抓住基本的思考方式，掌握其方法。

其次，我们准备了练习题，读者可以通过例题，让自己去分析如何将已经理解的东西联系实际。建议大家不仅仅是读完，哪怕只是读1分钟或2分钟，都要进行一些思考。

最后，为了进一步加深理解，我们将为大家介绍相关要点延伸出来的思路。

另外，书内尽可能将抽象的思维用图形表示，并且在20个思考技巧中，对每个技巧都总结出5个关键点，读者可以在日常活用时进行参考。

● 要有意识地客观看待自身的思考

在进入正文前，先为大家介绍对所有内容都通用的、非常重要的思路，即对自身的思考，要能够客观看待、修正认识。也就是说，可以想象一下让另一个自己出现，对自己思考的内容进行准确的评价。这也称作"高层次认识"，可以理解为对一般的思考层次提升高度，从更高的视角俯瞰事物、抓住本质。

如果能运用高层次思路，就能对自身思考的事情做出反馈，这样便能提升自身思考的质量。同时，即使是在与人讨论的时候，除了参与讨论的自己以外，头脑中还可以有另一个自己，以便客观地去理解当下场所发生的事情。这样的话，就更容易理解讨论的背景以及更好地思考必须讨论的事宜。

很多时候，人往往不清楚自己当下在思考什么。掌握"逻辑思考"的捷径就是，有意识地培养另一个自己的视角，让自身的思考接受审度。

接下来，让我们一边培养另一个自己，一边去看看这20个技巧吧！

培养能够客观看待自身思考的另一个自己！

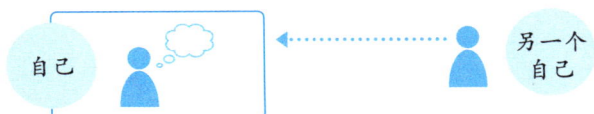

目录

第 **3** 章

让数字去工作

第 **4** 章

"传达"清楚，"听"清楚

第 **5** 章

让计算机成为你的伙伴

第1章
首先从证据开始思考

··

　　有逻辑地思考，最重要的是切实地找出证据。认为这句话就是所有内容的精髓也不为过。无论是谁，都会有自己想说的话（也就是主张），并希望传达给他人。然而，对其主张能够解释清楚原因、说明白证据的人实际上并不多。而相反的情况是，当认为他人的话很有说服力的时候，其证据都是很清晰的。本章要学习的就是我们要对证据形成何种意识。

第 1 讲 | 让证据具体化

人们常说，证据要具体，可以通过增加事例来使其变得具体。但是，却很少有人去想如何才能做到具体化。我们究竟要怎么做，才能使证据变得具体呢？

你刚刚被派到一个新设立的部门，正在为新的职责而努力。这时，领导交给你一个任务，希望你为新部门的启动策划一次集训活动。首先，要决定去什么地方。

你把箱根[1]作为备选地点，并考虑了两个证据。那么哪个证据更有说服力呢？

A. 肯定有很多员工想去箱根，所以部门集训选箱根比较好

B. 很多员工说过他们想去箱根，所以部门集训选箱根比较好

---

1 箱根位于日本神奈川县西南部，是日本的温泉之乡、疗养胜地。

A的"肯定想去"是自己的推测，所以是主观意见；B的"说过想去"，则是客观的事实。这两个证据的差异在于，是由主观意见来支撑，还是由客观事实来支撑。比起主观意见，多数人更能接受客观事实，所以如果要找到证据支持自己的主张，那么要选择具有客观性的事实。

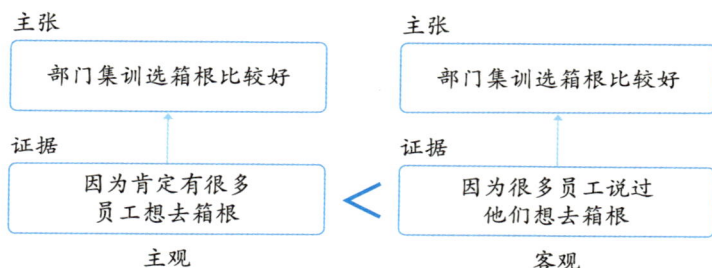

主张 部门集训选箱根比较好
证据 因为肯定有很多员工想去箱根
主观

<

主张 部门集训选箱根比较好
证据 因为很多员工说过他们想去箱根
客观

那么，如果要把"很多员工说过他们想去箱根，所以部门集训选箱根比较好"变得更加具体，应该如何进一步思考呢？

例如，可以清楚说明"很多员工"实际上指多少人，约占公司全体员工的百分之几，"说过想去"是在什么情况下的发言。将客观事实说得更具体，可以进一步提高说服力。具体化的要点有两个：

1. 将证据的内容分解，把握清楚证据是由什么要素构成的

2. 思考每一个构成要素要如何具体化

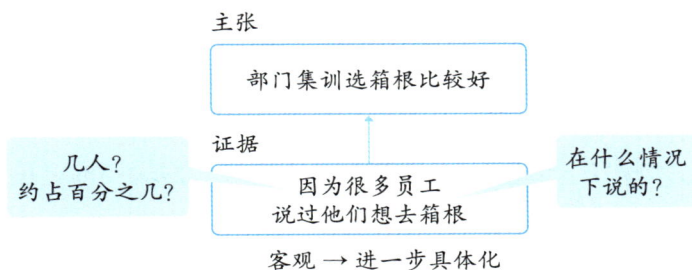

主张

部门集训选箱根比较好

证据

几人？
约占百分之几？

因为很多员工
说过他们想去箱根

在什么情况
下说的？

客观 → 进一步具体化

我们用刚才的例题，分别详细说明这些要点。

1. 将证据的内容分解，
把握清楚证据是由什么要素构成的

例题里主张的"部门集训选箱根比较好"，证据是"很多员工说过他们想去箱根"。将证据进行分解，我们就知道是由"很多员工"和"说过他们想去箱根"这两个要素所支撑。

2. 思考每一个构成要素要如何具体化

接下来，我们想想，每一个构成要素可以如何具体化。
首先，"很多员工"要具体化的话，可以说明具体有几人。另外，不只是人数，还可以选择用比例来说明，比如这些员工占公司全体员工的百分之几。

其次，可以具体说说大家是在什么情况下说想去箱根的。例如，是在以"部门集训去哪里好"为议题的讨论会中，还是在气氛高涨的宴席中。不同情况下的发言说服力是有差别的。

要具体化的话，就要明确哪些要素可以具体化。另外，还要想想每个要素可以怎样具体化。

在本例题中，关于"很多"，具体化的方向是具体赋予人数值和比例值，也就是要赋予量化信息。

此外，关于"说过"，具体化的方向是说明是在什么情况下的发言，也就是说明状况。

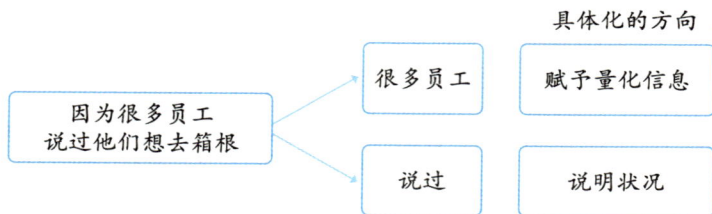

具体化的方向

因为很多员工
说过他们想去箱根 → 很多员工 → 赋予量化信息

→ 说过 → 说明状况

为了证明"部门集训选箱根比较好",除"很多员工说过他们想去箱根"以外,还需要考虑其他证据。

A. 因为费用低,所以去箱根比较好

B. 因为跟朋友去过,所以去箱根比较好

为了提高A、B的说服力,怎么做才好呢?

解 答

首先,A的"费用低",应该可以赋予量化信息。具体是多少费用?例如,"每人只需两万日元,费用低,所以去箱根比较好",像这样展示具体的金额会比较好。

其次,B的"跟朋友去过",可以从状况说明的角度进行具体化。例如,"跟以前的老同事去过,所以去箱根比较好",这样讲的话,说服力也会有所提高。

STEP UP!

最后，我们整理一下到目前为止所思考的整体内容。最初确认到的是"客观比主观好""客观信息要具体"：

```
主观   <   客观  →  具体化
```

如果我们的思考只是停留在这个层面，就只是认识了具体化这个关键词，没有使思考进入更深层次。如果要更进一步的话，应该怎样做呢？

我们可以通过练习题来考虑。

"每人两万日元"运用了数字，也具体化了，但这个数字是高是低并不明确，这说明我们还有进一步优化的空间。

如果能够体现出与其他备选地点相比费用更低，或者这个金额在预算内等参照标准，那么说服力将进一步加强。

量化信息单凭数字本身是无法判断的。在展示量化信息时，除了要明确数值外，也要收集用于评价数字的信息。

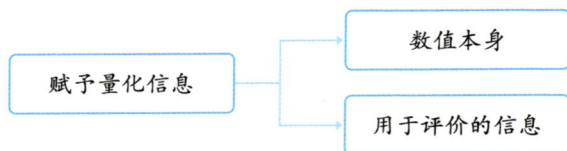

```
              →  数值本身
赋予量化信息
              →  用于评价的信息
```

另外，B的"与老同事去过"，也可以更加具体化。

我们想想，"老同事"与"去过"这两个要素分别应该怎样说明。

首先是"老同事"。我们最终想说的是，这个目的地对于新部门的集训来说是合适的。因此，如果能够说明以前的工作是同行业的，就能让听方案的人更加放心。另外，如果能够说明以前的同事或者部门的构成与现在的部门人员结构相类似，也很有效。所以，能够说明方案对象的相似性会比较有利。

其次是"去过"。这里的关键是何时去过：是10年前的事情，还是3年前的事情？到底几年前去过好呢？这涉及程度的问题，若能证明是最近发生的事情，应该会比较有说服力。也就是说，能够证明时间是很接近的，将比较有利。

如上所述，关于"状况说明"，需要说明证据与方案对象有多相似（对象的相似性）、从时间轴来看与现在有多接近（时间的接近性）等，从这些角度去考虑具体化。

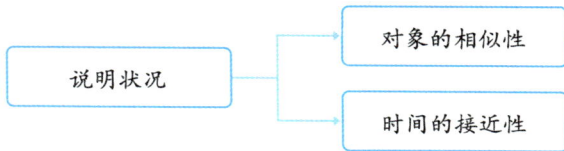

```
                            ┌─────────────┐
                            │  对象的相似性  │
            ┌─────────┐     └─────────────┘
            │  说明状况  │
            └─────────┘     ┌─────────────┐
                            │  时间的接近性  │
                            └─────────────┘
```

要将思考细化，既费力，也很有难度。所以人们思考时很容易就止步于"大概是这个样子"、这次的事情"如果能够具体化就更好了"这样的层面。

　　正因如此，更应该多迈出一步，考虑得更加具体，这样不仅有助于提高说服力，而且也可以锻炼思考能力。建议大家保持一种习惯，即考虑到了比较成熟的阶段以后，再往深处多思考一两步。

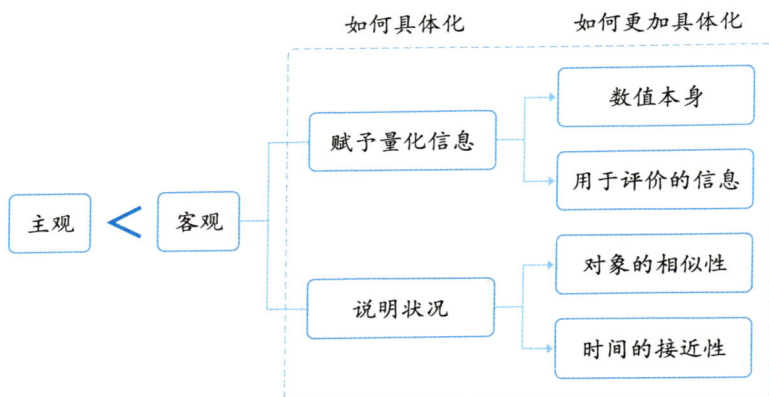

如何具体化　　　　　如何更加具体化

主观 ＜ 客观
- 赋予量化信息
  - 数值本身
  - 用于评价的信息
- 说明状况
  - 对象的相似性
  - 时间的接近性

小结

✓ 证据不使用主观意见，要准备客观事实

✓ 要对证据的每个构成要素进行具体化

✓ 具体化的方向为赋予量化信息和说明状况

✓ 赋予量化信息时，要有数值本身，以及用于评价数值的信息

✓ 说明状况时，要有意识地对对象的相似性和时间的接近性进行说明

第2讲 | 使证据变得立体

要为自身的主张找到证据，仅有一个是不够的，有多个证据支撑会提高说服力。然而，不是随意地增加，而是要从"横向的延伸"和"纵向的延伸"这两个维度去使证据立体地延展。那么，所谓立体地延展应该如何理解呢？

关于新年度开始启动的项目，上司询问你"谁可以担纲推进"。你只是直观地感觉A应该会在新项目中大有作为，因为没有切实的证据，所以就缺乏说服力。

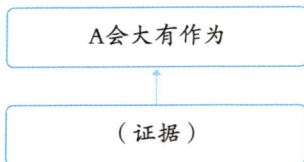

```
┌─────────────────────┐
│      A会大有作为       │
└─────────────────────┘
           ↑
┌─────────────────────┐
│       （证据）        │
└─────────────────────┘
```

首先想到的是，A有业务实绩。确实，如果有业务实绩的话，似乎可以成为证据。但另一方面，为了说明大有作为，就要证明A能够将其业务实绩的经验活用到本次项目中。

例如，如果证明此前经验所处的环境与现在的环境相似，那么过往的经验则很可能可以应用到本次项目中。反之，如果本次处于跟以往完全不同的环境，那么其经验可活用的范围就会受限。

除此以外，假设偶然想到"因为A有能力，所以会大有作为"这个证据。能力确实是重要的要素，这或许也可以成为证据，但只有这一个证据就够了吗？似乎还需要有其他的要素，通常与能力配套考虑的是态度。如果不是专心致志做事的话，有可能发挥不出十足的能力。

如上所述，证据不只要有一个，请务必考虑多个证据。这里的要点有一个：

要点：以偶然想法为起点，谨慎地问问自己那样是否充分。

我们以刚才的例子继续进行说明。

首先对第一点"有业务实绩"进行重新考量。要谨慎地问问自己那样是否充分，我们尝试问问"只看实绩是否足够"。然而，如果直接问"只看实绩是否足够"，除实绩以外，还有各种各样的要素，我们很可能会去考虑实绩以外的东西。

在这里，我们想想，如果"实绩经验能够活用"，那么尝试问问"其前提是什么"。难得想到业务实绩这个要素，如果说把延伸方向改到与其完全无关的要素上，那就太可惜了。如果要把"实绩经验本身可以活用"这点作为证据的话，我们要从"需要什么前提"这个角度去考虑。

从这一点来看，实绩经验可以活用的前提是，能够说明过往经验所处的状况与本次状况相似度高、目前的环境与当时的环境相近，说服力则可以提高。

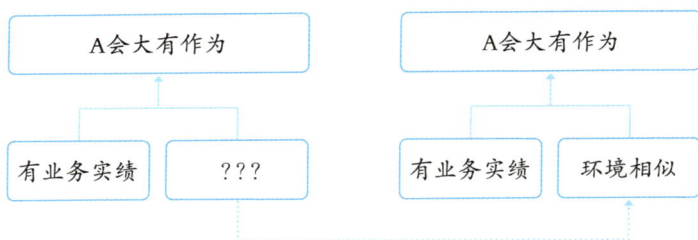

第二点"因为有能力"也是同理，尝试问自己，有能力的话，其前提是什么。能够发挥能力的前提是必须有态度和干劲作为根基。

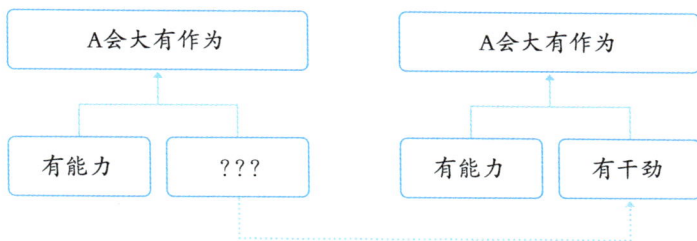

```
┌────────────────────┐        ┌────────────────────┐
│    A会大有作为      │        │    A会大有作为      │
└────────────────────┘        └────────────────────┘
        ↑                              ↑
   ┌────┴────┐                    ┌────┴────┐
┌──────┐ ┌──────┐            ┌──────┐ ┌──────┐
│有能力│ │ ??? │            │有能力│ │有干劲│
└──────┘ └──────┘            └──────┘ └──────┘
```

练习题

　　关于A会大有作为，你还想到了其他的理由，就是"因为项目组成员的技能水平高，所以A会大有作为"，这似乎也能成为证据。那么，项目组成员的技能水平高到哪种程度，就可以判断A能大有作为呢？请思考一下前提是什么。

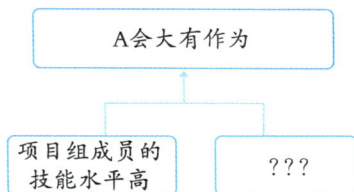

```
        ┌────────────────────┐
        │    A会大有作为      │
        └────────────────────┘
                ↑
           ┌────┴────┐
   ┌────────────┐ ┌──────┐
   │项目组成员的│ │ ??? │
   │技能水平高  │ └──────┘
   └────────────┘
```

项目组成员的技能水平即便再高，如果技能偏向单一方向，或者各不相同、没有关联性，也出不了成果。另一方面，如果项目组成员的技能可以弥补A的技能不足之处的话，作为一个团队，取得成果的可能性就能增加。项目组成员之间技能互补、取得平衡，这可以作为前提。

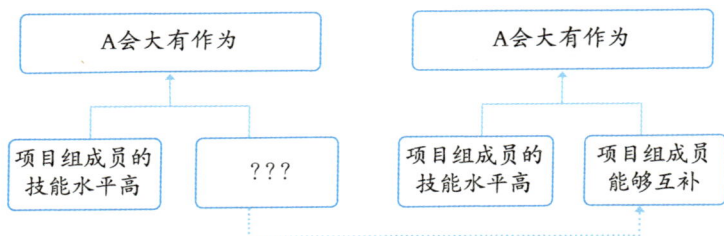

```
┌─────────────────┐        ┌─────────────────┐
│   A会大有作为    │        │   A会大有作为    │
└─────────────────┘        └─────────────────┘
        ↑                          ↑
  ┌──────────┬──────────┐    ┌──────────┬──────────┐
┌────────┐ ┌────────┐   ┌────────┐ ┌────────┐
│项目组成员的│ │  ???   │   │项目组成员的│ │项目组成员│
│技能水平高 │ └────────┘   │技能水平高 │ │能够互补  │
└────────┘                └────────┘ └────────┘
```

STEP UP!

到目前为止，我们以偶然想到的证据为起点，谨慎地思考，成功地使证据横向延伸。接下来，让我们把刚刚想好的证据，再提升一个台阶，在纵向上进行延伸。

请大家想想，有业务实绩、与经验环境相似，有能力、有干劲，项目组成员技能水平高、能互相取长补短，分别意味着什么？

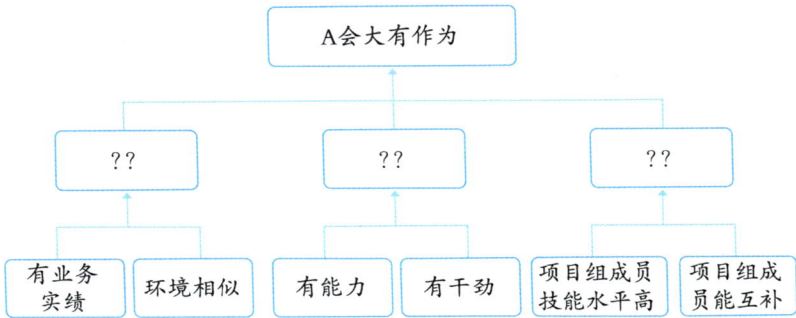

```
                      ┌─────────────────┐
                      │   A会大有作为    │
                      └─────────────────┘
                               ↑
        ┌──────────────────────┼──────────────────────┐
   ┌─────────┐            ┌─────────┐            ┌─────────┐
   │   ？？   │            │   ？？   │            │   ？？   │
   └─────────┘            └─────────┘            └─────────┘
        ↑                      ↑                      ↑
   ┌────┴────┐            ┌────┴────┐         ┌───────┴───────┐
┌──────┐┌──────┐      ┌──────┐┌──────┐   ┌────────┐┌────────┐
│有业务││环境相似│      │有能力││有干劲│   │项目组成员││项目组成│
│实绩  ││      │      │      ││      │   │技能水平高││员能互补│
└──────┘└──────┘      └──────┘└──────┘   └────────┘└────────┘
```

　　有业务实绩、与经验环境相似，意味着经验很有可能活用到本次项目中。同样地，有能力、有干劲，再往高一个层次总结，就是其本人的状态较佳；项目组成员技能水平高、能互相取长补短，说明团队的状态佳。

　　这样去想的话，A能大有作为的证据，就比刚才更具深意。A会大有作为，因为其经验很有可能活用，本人状态佳，团队状态也佳，这也可以作为证据的支撑点。

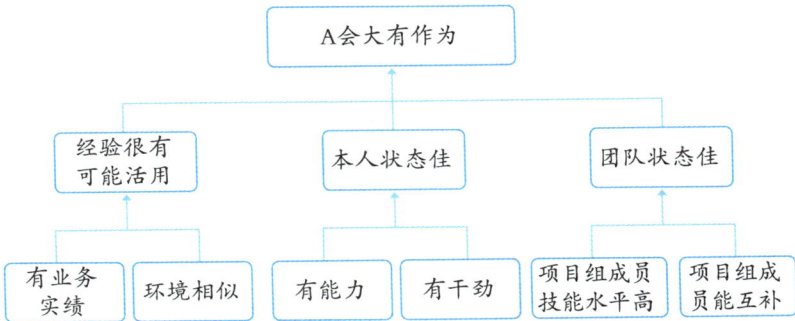

```
                      ┌─────────────────┐
                      │   A会大有作为    │
                      └─────────────────┘
        ┌──────────────────────┼──────────────────────┐
   ┌─────────┐            ┌─────────┐            ┌─────────┐
   │经验很有 │            │本人状态佳│            │团队状态佳│
   │可能活用 │            │         │            │         │
   └─────────┘            └─────────┘            └─────────┘
        ↑                      ↑                      ↑
   ┌────┴────┐            ┌────┴────┐         ┌───────┴───────┐
┌──────┐┌──────┐      ┌──────┐┌──────┐   ┌────────┐┌────────┐
│有业务││环境相似│      │有能力││有干劲│   │项目组成员││项目组成│
│实绩  ││      │      │      ││      │   │技能水平高││员能互补│
└──────┘└──────┘      └──────┘└──────┘   └────────┘└────────┘
```

最后我们再想想，这些证据是否需要进一步延展，也就是要思考下图箭头所指的"经验很有可能活用""本人状态佳""团队状态佳"这些证据是否足够。关于经验的说法，换言之就是状况良好，再加上本人和团队都有好状态，应该可以理解为必须考虑的要素都已大致把握了。

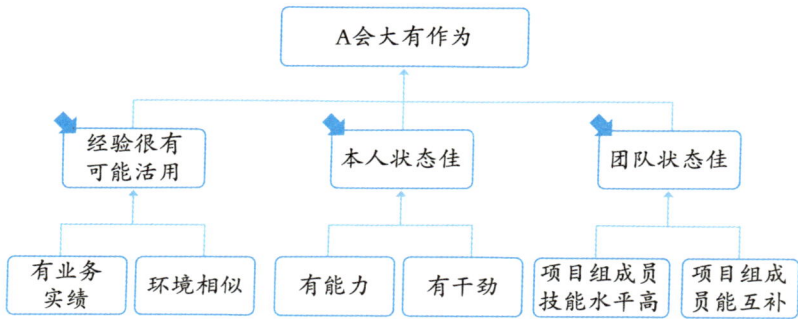

像这样，要思考是否还有应该考虑的要素，就要在一定程度上立体地勾勒出事件的全貌之后再进行。如果不形成全貌，只是站在末端的层面上思考的话，就会有以下的难点：

- 不得不在抽象程度不一的情况下去思考问题
- 可能会太过细枝末节，出现很多要素
- 由于太过细节，所以不清楚应该把握的要点是否都考虑到了

以偶然想到的证据为出发点，谨慎地发问，引出更多证

据，使证据横向延伸。另外，考虑证据的深层次含义，进行纵向延伸，这样就能形成有立体感的证据。

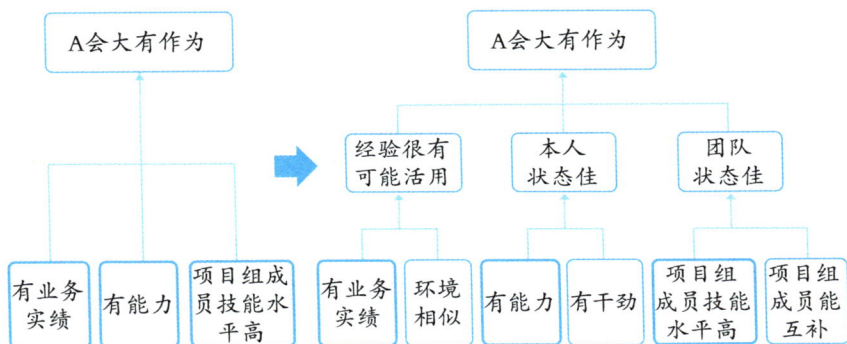

小结

- ✓ 横向延伸，是指对偶然想到的证据，谨慎地进行发问，让证据更加丰满
- ✓ 谨慎地发问，是指尝试去问问其证据成立的前提是什么
- ✓ 纵向延伸，是指进一步提升抽象程度
- ✓ 横向、纵向延伸之后，可以得到立体的证据
- ✓ 在一定程度上把握全貌之后，再去思考是否需要考虑其他要素

尝试寻找不利的信息

人们为了证明自己要下的结论，通常会直接去寻找能够支撑自己主张的信息。而事实上，如果要增强证据的可信度，那么去收集对自己不利的信息反倒会有效果。要收集对自己不利的信息，具体应该怎么做呢？

你在人事部工作，最近感觉年轻员工的士气有所下降，你比较在意。于是，你找来几位年轻员工，倾听他们的心声，你了解到原来他们因为对未来的职业规划不明朗而感到不安。似乎正是这个原因，导致他们无法维持高士气。

对自身觉察到的事情进行调查，这是常见的流程，在这个例子中，你感觉年轻员工的士气好像有所下降，于是去听取年轻员工的心声，进行了确认。然而，这仅仅是直接去找了能够支撑自己假设论点的信息而已。想要证明年轻员工士气下降的话，必须调查清楚，除年轻员工以外的员工士气如何。

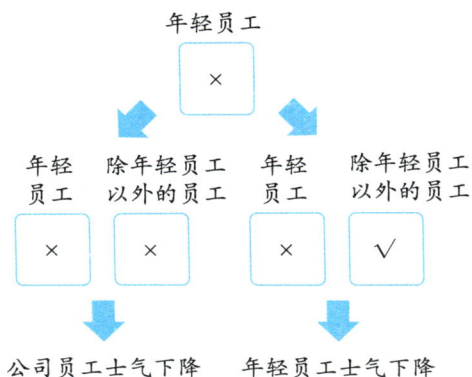

年轻员工

年轻员工　　除年轻员工以外的员工　　年轻员工　　除年轻员工以外的员工

公司员工士气下降　　　年轻员工士气下降

　　我们看看上图。如果像左侧那样，除年轻员工以外的员工士气也下降，那么目前的状况就是公司整体员工士气下降；相反，如果像右侧那样，除年轻员工以外，没有出现士气下降的情况，我们才可以说是年轻员工士气下降。

　　那么，我们进一步看看怎样才能得出首都圈的年轻员工士气下降这个结论。

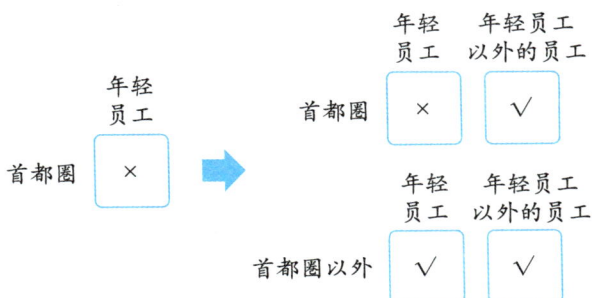

年轻员工　　年轻员工以外的员工

首都圈　×　√

年轻员工　　年轻员工以外的员工

首都圈以外　√　√

同理，如果只是调研首都圈的年轻员工，那么只能确认这部分对象的现象。重要的是，要去确认年轻员工以外的人，甚至是首都圈以外的情况如何。

寻找相关信息来支撑自己的主张固然重要，但如果只是去探寻直接支持结论的证据，那么是不充分的。建议大家积极地去探究其他的信息。要点有两个：

1. 将想要表达的事宜按照要素进行分解
2. 确认每个要素的相反区间是否存在相同情况

下面以"首都圈的年轻员工士气下降"为例，对每一个要点进行详细说明。

1. 将想要表达的事宜按照要素进行分解

我们想说的是士气下降的事，那么是谁的士气呢？我们知道有首都圈以及年轻员工这两个要素。

2. 确认每个要素的相反区间是否存在相同情况

确定了要素以后，我们去调研相反区间的情况。只有确认在相反区间内没有发生我们所说的情况，才能证明我们的主张成立。

为了说明问题在于年轻员工，就需要信息去证明除年轻员工以外的员工不存在问题；为了说明问题在于首都圈，就需要信息去证明首都圈以外不存在问题。如上，积极地调查相反区间的信息尤为重要。

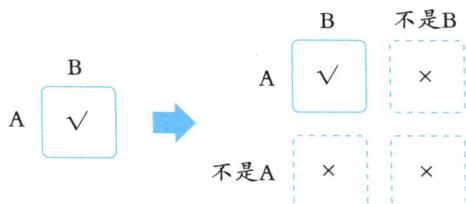

练习题

　　你的工作是商品管理。你感觉在网络渠道上，商品A很畅销。为了要证明商品A在网络渠道上很畅销，需要收集哪些信息呢？

解　答

1. 将想要表达的事宜按照要素进行分解

　　想说的结论是，在网络渠道上商品A很畅销。要素有两个，即"网络渠道"和"商品A"。

2. 确认每个要素的相反区间是否存在相同情况

需要把握的信息是，除商品A以外，其他商品销量如何；除网络渠道以外，其在实体店的销量如何。

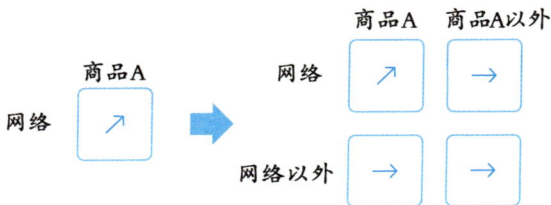

表1 上月	商品A	商品A以外
网络	100	100
网络以外	100	100

表2 本月	商品A	商品A以外
网络	120	100
网络以外	100	100

表3 本月	商品A	商品A以外
网络	120	120
网络以外	100	100

表4 本月	商品A	商品A以外
网络	120	100
网络以外	120	100

（单位：万日元）

调查了上月及本月的实际销量，从表2至表4，你认为哪个表能够说明在网络渠道上商品A很畅销呢？

表2中，销量有增加的只是网络渠道的商品A，除此以外的部分与上月相同，应该可以说明"在网络渠道上商品A很畅销"。

表3中，销量有增加的是网络渠道的商品A以及其他商品，因此可以解释为，商品A在网络渠道上比较畅销，或者网络销售顺利。

表4中，销量有增加的是网络渠道的商品A以及其他渠道的商品A，因此应该可以解释为，商品A很畅销，或者商品A销售顺利。

STEP UP!

到目前为止，为了明确正在发生的事实情况，我们尝试积极地寻找不利信息。这种思路，在需要明确原因和结果的关联性时也可以活用。

例如，如果要证明某种药物有效，想想应该怎么办？

那么，要想得出"有效"这个结果，就要证明是某种药物发挥了作用，也就是说，要指明原因和结果的关联性。

通常采取的方法是，直接去找那些服用了那种药物显现出效果的人，并且说明"我在身边问了几个人，有5个人都说有效"。但这仅仅是去调取了一些能够支撑自己主张的信息而已。

为了证明那种药物有效，还必须调查清楚有多少人是服用了药物但没有效果的，否则无法判断药物的真实有效性。

假设服药后有效果的是5人，服药后无效的是1人，以及假设服药后有效果的是5人，服药后无效果的是5人，在这两种情况下，对药物有效性的判断会截然不同。

如果是前者，可以解释为药物有效果，但如果是后者，就会无法判断药物是否有效。反过来说，积极地去寻找那些服药后没有效果的人，会有助于提高对药物是否起效的判断精度。

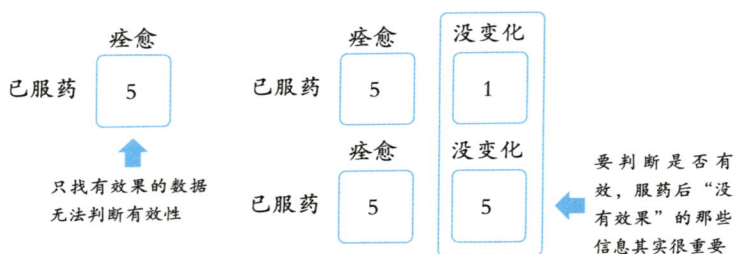

	痊愈
已服药	5

↑

只找有效果的数据
无法判断有效性

	痊愈	没变化
已服药	5	1

	痊愈	没变化
已服药	5	5

← 要判断是否有效，服药后"没有效果"的那些信息其实很重要

另外，还有一个重要的因素是，没有服药的人情况如何。有很多人满足于上述信息，思考就止步于此，但要说明药物有效果的话，还要确认没有服药的人情况如何，并进行比较。

	痊愈	没变化
已服药	5	1
没服药	1	5

	痊愈	没变化
已服药	5	1
没服药	4	2

观察上图，能看出来药物有效果的是左图还是右图呢？

左图中，没有服药的人仅有1人痊愈；右图中，没有服药的人也有4人痊愈。如果是左图的状态，那么可以考虑服药是有意义的。右图的情况则说明，哪怕不依靠药物，也有不少人痊愈，这样就可以推测，他们是靠药物以外的要素而痊愈的。

由此可见，要判断药物是否起效的话，没有服药的人情况如何，实际上是很重要的信息。

	痊愈	没变化			痊愈	没变化
已服药	5	1		已服药	5	1
没服药	1	5		没服药	4	2

要判断药物是否起效，其实没有服药的人的信息很重要

不利的信息不应该躲避，应该积极地去获取对自己不利的信息，使自身主张的证据更加强而有力。

小结

- ✓ 人们常常只想直接去寻找能够支撑自己主张的信息
- ✓ 想要增强证据的可信度，重要的是积极地去探寻不利的信息
- ✓ 扩大范围，掌握反面的信息
- ✓ 掌握反面的信息，最终可以使证据更加强而有力
- ✓ 该技巧既能用于确认正在发生什么事情（锁定现象），也能用于探究为什么发生（找出因果关系）

不对证据的薄弱点视而不见

证据的哪些部分是确凿的，哪些部分是比较薄弱的，能理解的人并不多。你是否经历过被指出问题，却无言以对的情况？只要能够理解证据的薄弱点，就可以对薄弱处进行补充，也可以设立警戒线。那么，如何发现证据的薄弱点呢？

假如你坚信，随着健康意识的增强，今后必定有更多的人关注饮食。你准备以此信念为基石，开启新的项目。首先，必须在下次的企划会议中，让团队成员接受"随着健康意识的增强，会有更多的人关注饮食"的想法。

于是，你积极地考量其他的可能性，假设随着健康意识的增强，运动、饮食、睡眠这三个要素有可能受到越来越多的关注，尝试按照以下的思路来组织证据、支撑论点。

从日常是否能够坚持（持续性）、是否容易实行这两点来考虑的话，运动不一定每天能做，还需要采取另外的措施才行，实行的难度不低；睡觉虽然是每天都会做的事，但忙碌的人想要增加睡眠时间本身就很难。

从这点来说，关注饮食除了是每天都需要的以外，只要有意识地去做，就很有可能行动起来。所以你想提出，选择饮食是比较有依据的。

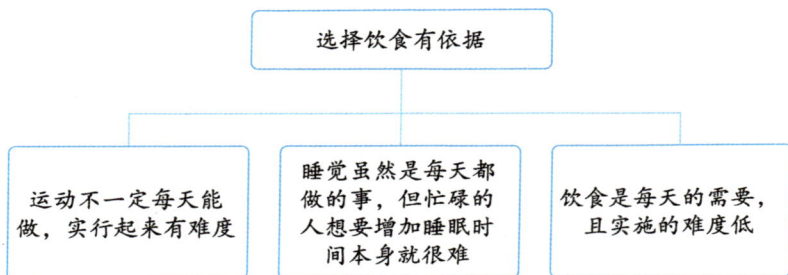

```
                    ┌─────────────────────┐
                    │    选择饮食有依据     │
                    └─────────────────────┘
        ┌────────────────────┼────────────────────┐
┌───────────────┐  ┌──────────────────┐  ┌──────────────────┐
│运动不一定每天能 │  │睡觉虽然是每天都    │  │饮食是每天的需要， │
│做，实行起来有难度│  │做的事，但忙碌的    │  │且实施的难度低     │
│               │  │人想要增加睡眠时    │  │                  │
│               │  │间本身就很难       │  │                  │
└───────────────┘  └──────────────────┘  └──────────────────┘
```

那么，我们已经大致把主张和证据的框架构建起来了，接下来积极地思考一下证据的薄弱点是什么吧。作为证据所论述的事情本身是否正确，需要时常问问自己证据的妥当性。这里有两个要点。

1. 思考如果被指出问题的话，可能有哪些问题

2. 确认一下具体有哪些薄弱点

我们用上述例子，逐一进行详细说明。

1. 思考如果被指出问题的话，可能有哪些问题

第一个证据是，运动不一定每天能做，实行起来有难度。首先，"不一定每天能做"这个说法，是否真的无法每天都做，要进行逆向思考。

同样地，对于"实行起来有难度"这个理由，尝试问问自己是否真的不存在实施起来没有难度或者难度不高的运动。思考之后你会发现，有可能会被指出"可以把坐公交上下班的方式改为步行上下班"。

2. 确认一下具体有哪些薄弱点

那么，如果被指出"可以把坐公交上下班的方式改为步行上下班"，应该如何找出具体有哪些薄弱点呢？

这里被指出的是"每天步行"也是一种运动的方法。这就是兼备了"持续性"和"容易实行"这两个条件的具体对策。也就是说，如果要把运动在持续性和容易实行这两方面比饮食更有难度这一点作为证据，会存在薄弱点，即"可能有能够同时满足这两个基准的运动方式"。

如果只是停留在"可以把坐公交上下班的方式改为步行上下班"这个层面的认识，那么很有可能会止步于针对公交和步行来想办法了，变成仅仅针对这个反驳观点来思考对策。

然而，本来应该思考的薄弱点是，是不是有能够同时满足持续性和容易实行这两个基准的运动方式。因此，我们实际上必须想的问题是，能够同时满足两个基准的运动方式是否真的不存在。

为了明确这一点，我们要有意识地去确认这个薄弱点的本质是什么。

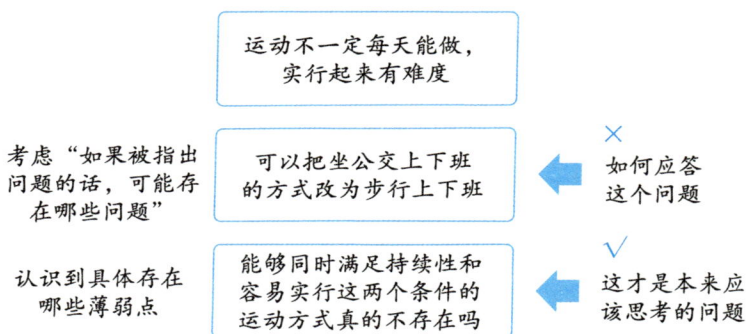

考虑"如果被指出问题的话，可能存在哪些问题"

> 运动不一定每天能做，实行起来有难度

> 可以把坐公交上下班的方式改为步行上下班   ← 如何应答这个问题 ×

认识到具体存在哪些薄弱点

> 能够同时满足持续性和容易实行这两个条件的运动方式真的不存在吗   ← 这才是本来应该思考的问题 ✓

练习题

那么，请思考一下，"睡觉虽然是每天都做的事，但忙碌的人想要增加睡眠时间本身就很难"，以及"饮食是每天的需要，且实施的难度低"，剩余这两个证据的薄弱点是什么。

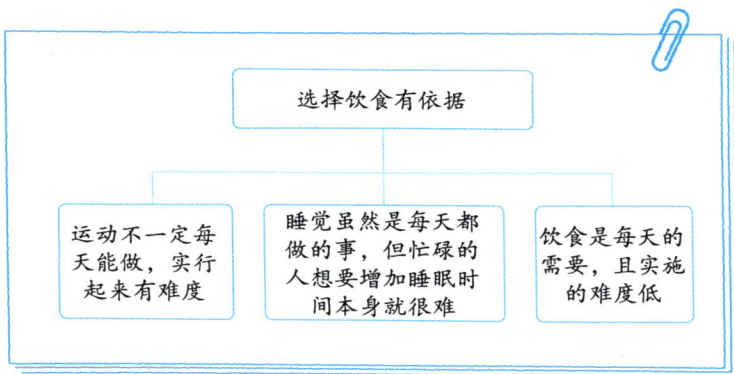

```
┌─────────────────────────┐
│      选择饮食有依据       │
└─────────────────────────┘
     │         │         │
┌─────────┐ ┌─────────────┐ ┌─────────┐
│运动不一定每│ │睡觉虽然是每天都│ │饮食是每天的│
│天能做，实行│ │做的事，但忙碌的│ │需要，且实施│
│起来有难度  │ │人想要增加睡眠时│ │的难度低    │
│           │ │间本身就很难   │ │           │
└─────────┘ └─────────────┘ └─────────┘
```

解 答

1. 思考"如果被指出问题的话，可能有哪些问题"

关于睡眠，有可能被指出的问题是，虽然增加睡眠时间很难，但可以从改善睡眠质量的方向来考虑。

关于饮食，有可能被指出的问题是，对于早餐经常吃不上、午餐由于时间少而需要在便利店买饭团吃、晚上饭局多这样没什么改善的空间的人来说，这可能很有难度。

2. 确认一下具体有哪些薄弱点

睡眠方面，被指出"虽然增加睡眠时间很难，但可以从改善睡眠质量的方向来考虑"，这里的薄弱点可以理解为可能存在改善睡眠质量等其他应该考虑的要素。

饮食方面，被指出"对于早餐经常吃不上、午餐由于时间少而需要在便利店买饭团吃、晚上饭局多这样没什么改善的空间的人来说，这可能很有难度"，说明薄弱点在于对于不同的人来说，可能无法保证容易实行。

由此可知，运动、睡眠、饮食这三方面需要从以下的视角进行更进一步的思考。

运动：是否存在能够同时满足持续性和容易实行的运动
　　　方式
睡眠：是否存在其他应该考量的要素
饮食：是否真的容易实行

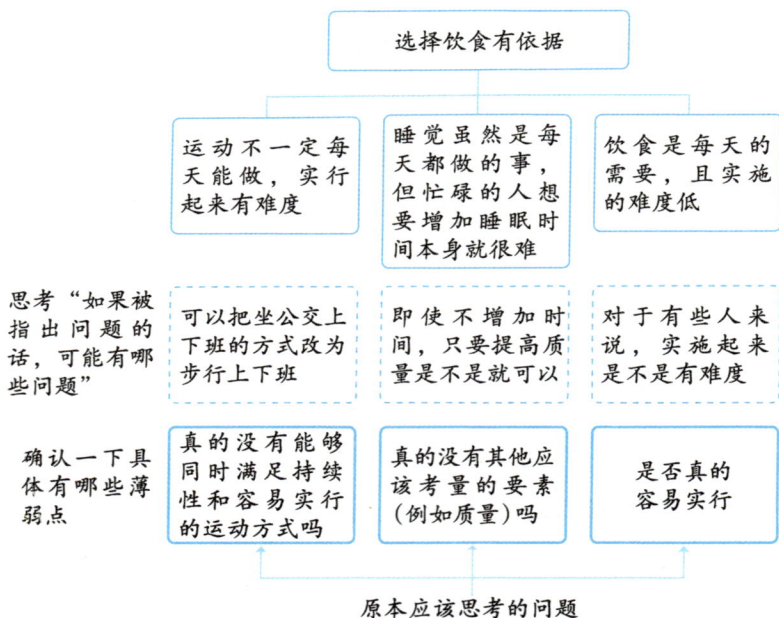

选择饮食有依据

| 运动不一定每天能做，实行起来有难度 | 睡觉虽然是每天都做的事，但忙碌的人想要增加睡眠时间本身就很难 | 饮食是每天的需要，且实施的难度低 |

思考"如果被指出问题的话，可能有哪些问题"

| 可以把坐公交上下班的方式改为步行上下班 | 即使不增加时间，只要提高质量是不是就可以 | 对于有些人来说，实施起来是不是有难度 |

确认一下具体有哪些薄弱点

| 真的没有能够同时满足持续性和容易实行的运动方式吗 | 真的没有其他应该考量的要素（例如质量）吗 | 是否真的容易实行 |

原本应该思考的问题

我们需要对构建起来的主张和证据框架寻找其薄弱点，以便进一步增强证据的力度。

STEP UP!

目前，我们从证据本身是否成立这个角度思考了有哪些薄弱点，但其实除此以外，还存在其他的薄弱点，那就是基准本身的妥当性和比较的妥当性。接下来进行详细说明。

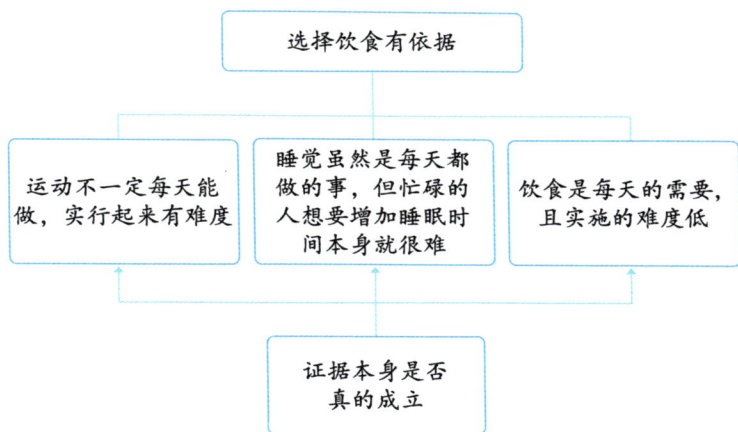

```
                  ┌──────────────────┐
                  │   选择饮食有依据   │
                  └──────────────────┘
        ┌──────────────┬──────────────┐
┌───────────────┐┌───────────────┐┌───────────────┐
│ 运动不一定每天能 ││ 睡觉虽然是每天都 ││ 饮食是每天的需要，│
│ 做，实行起来有难度││ 做的事，但忙碌的 ││ 且实施的难度低   │
│               ││ 人想要增加睡眠时 ││               │
│               ││ 间本身就很难    ││               │
└───────────────┘└───────────────┘└───────────────┘
        └──────────────┬──────────────┘
                ┌──────────────┐
                │  证据本身是否  │
                │   真的成立    │
                └──────────────┘
```

● **基准本身的妥当性**

我们想基于持续性（是否可以每天坚持）、是否容易实行这两个基准，说明饮食对比运动或睡眠更有优势，但这些基准本身是否妥当，我们需要从这个角度去做好检视。

● **比较的妥当性**

要确认证据本身的妥当性，即使基准本身是妥当的，但更重要的是，最后还是要从饮食是否比其他选项都具有优势、是否真的比运动或睡眠更具有持续性且更容易实行这个角度去思考。

证据的薄弱点，可以从以下三个角度去检视。

1. 证据本身的妥当性

2. 基准本身的妥当性

3. 比较的妥当性

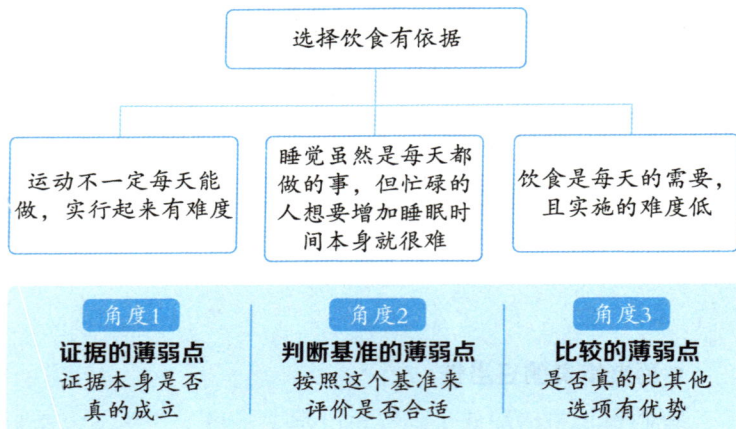

认识到薄弱点的好处是，知道应该从哪些方面进行补充加强。就有可能实实在在地增强证据的可信度。

　　即使无法进行补充加强，只要理解了不足之处，也是有价值的。没有意识到薄弱点时，思考的状态就是"这样大致就可以了吧"。这样的话，就不清楚证据是否能够很好地支撑自己的主张了。如果能够认识到薄弱点，那么跟不清楚能否支撑自身主张的状态相比，至少已经理解了主张与证据的关系，这就有很大的价值。

　　除此以外，向听者传递的安心感也是不一样的。报告者说"我觉得这样大致就可以了"和"我认为这里必须进行一些补充加强……"，这两种方式给听众的感受是不一样的，大家可以想象一下哪种报告会让人更加放心。

　　而且，在取得团队的认可时，重要的是要让对方连同薄弱点在内一并理解。因为时间是有限的，无法对所有事情进行调查。请大家在共享了薄弱点的信息，并且相互对薄弱点都予以理解的基础上，把暂且继续往前推进也作为其中一个选项来考虑。

小结

✓ 认识到可能会被指出什么问题，以及这意味着存在什么薄弱点

✓ 认识到所存在的薄弱点以后，就能进行本质发问，找出应该补充加强的地方

✓ 除"证据本身的妥当性"以外，也要把握好"基准本身的妥当性""比较的妥当性"

✓ 理解薄弱点的好处是清楚知道应该进行哪些补充

✓ 即使无法补充加强，只要是理解了主张与证据的关系，也是有价值的

第2章
正确认识正在发生什么事

· ·

　　在进行逻辑思考的基础上，思考过程中比较重要的就是分析。我们经常听到"现状分析"这个说法，就是要切实地理解正在发生什么事情。思考是从正确认识"正在发生什么事"开始的，为此我们需要的是提高眼前视野的清晰度。本章将会学习如何将清晰度提高。

往不同的角度去看

解决问题的出发点，是充分把握问题是什么。关键点在于，能够从收集到的信息中发现多个问题。然而，如果是盲目地寻找多个问题，那是缺乏效率的。如何能够高效率地、全面地找到问题呢？

在某个月份，员工A和员工B的销售额如表1所示（假设商品只有X和Y）：

表1

	商品X	商品Y	合计
员工A	50万日元	40万日元	90万日元
员工B	30万日元	60万日元	90万日元
合计	80万日元	100万日元	180万日元

根据表1，我们思考一下能发现什么问题。

首先，用商品X和商品Y进行比较。商品X的销售额是80万日元，商品Y是100万日元，从这里可以把"为什么商品X的销售额比商品Y低"作为一个问题提取出来。

其次，比较一下员工A和员工B。他们的总销售额都是90万日元，这里不存在差异。但是，如果留意明细，你会发现员工A的商品X的销售额比商品Y高，员工B则相反，商品Y的销售额比商品X高。从这里可以把"为什么员工A和员工B的销售额构成存在差异？"也作为一个问题提取出来。

最后，我们把商品X、商品Y和员工A、员工B交叉组合着来看。

商品X员工A销售额是50万日元，商品Y员工A销售额是40万日元，商品X员工B销售额是30万日元，商品Y员工B销售额是60万日元，一共有4个数字。例如，我们着眼于最小值，可以提出"为什么员工B的商品X的销售额只有30万日元？"这个问题。

仅一个信息，就可以提取出以下3个问题：
"为什么商品X的销售额比商品Y低？"
"为什么员工A与员工B的销售额构成存在差异？"
"为什么员工B的商品X的销售额只有30万日元？"

思考的角度不同，问题便会随之发生变化。实际上存在很多问题。我们要进一步思考，在多个问题当中，必须对哪些问题进行深挖探讨。为此，首先要识别出多个问题。那么，如何能够识别出多个问题呢？这里有三个要点。

1. 纵向看可以发现什么？
2. 横向看可以发现什么？
3. 斜向看可以发现什么？

建议大家时常留意，在收到信息以后，至少要从三个角度去思考。

本次的例子，有纵向（每个商品的角度）、横向（员工A、员工B每个人的角度），还有斜向（前两者交叉组合的角度）。接下来，我们用表格来说明每一个角度的情况。

1. 纵向看（商品的角度）可以发现什么

表1

	商品X	商品Y	合计
员工A	50万日元	40万日元	90万日元
员工B	30万日元	60万日元	90万日元
合计	80万日元	100万日元	180万日元

2. 横向看（人的角度）可以发现什么

表1

	商品X	商品Y	合计
员工A	50万日元	40万日元	90万日元
员工B	30万日元	60万日元	90万日元
合计	80万日元	100万日元	180万日元

3. 斜向看（前两者交叉组合的角度）可以发现什么

表1

	商品X	商品Y	合计
员工A	50万日元	40万日元	90万日元
员工B	30万日元	60万日元	90万日元
合计	80万日元	100万日元	180万日元

获取信息之后，思维很容易混乱，建议大家分别从纵向、横向、斜向的角度去提取问题。

现在增加了员工C的销售额数据。请思考一下，从表2中可以提取什么问题。

表2

	商品X	商品Y	合计
员工A	50万日元	40万日元	90万日元
员工B	30万日元	60万日元	90万日元
员工C	60万日元	30万日元	90万日元
合计	140万日元	130万日元	270万日元

解　答

如上所述，以获取的信息为起点，要从纵向、横向、斜向三个方向进行观察。我们从纵向（每个商品的角度）、横向（员工A、员工B、员工C每个人的角度），还有斜向（前两者交叉组合的角度）这三个角度看看，能够发现什么问题。

1. 纵向看（商品的角度）可以发现什么

表2

	商品X	商品Y	合计
员工A	50万日元	40万日元	90万日元
员工B	30万日元	60万日元	90万日元
员工C	60万日元	30万日元	90万日元
合计	140万日元	130万日元	270万日元

增加员工C的销售额之后，商品X的销售额是140万日元，商品Y的销售额是130万日元。只有员工A和员工B两个人时，商品Y的销售额更高，加上员工C以后，商品X的销售额更高。于是，问题就不是"为什么商品X的销售额更低"，而是变成"为什么商品Y的销售额更低"了。

又或者说，把员工A和员工B共2人的销售额加起来，两个商品的差额是20万日元（80万日元与100万日元的差异），这次把员工A、员工B、员工C共3人的销售额进行合计，两个商品的差额减少为10万日元（140万日元与130万日元的差异）。每个商品的销售额都有增加，但两者的差额减少，所以还可以理解为商品X和商品Y的销售额不存在太大差异。

从纵向看可以提取出以下两种情况：

- 为什么商品Y的销售额比商品X低？
- （或者）商品X与商品Y的销售额差异并不大。

2. 横向看（人的角度）可以发现什么

表2

	商品X	商品Y	合计
员工A	50万日元	40万日元	90万日元
员工B	30万日元	60万日元	90万日元
员工C	60万日元	30万日元	90万日元
合计	140万日元	130万日元	270万日元

新增的员工C的总销售额还是90万日元，与员工A、员工B相同。而关于刚才我们提出问题的销售额构成情况，现在员工C与员工A、员工B的销售额构成也不一样。三人的销售额构成都不相同，这点没有变化。那么，"为什么员工A、员工B、员工C的销售额构成存在差异？"这似乎又是一个问题。

从横向看，可以提取以下问题：

- 为什么员工A、员工B、员工C的销售额构成存在差异呢？

3. 斜向（前两个维度交叉组合的角度）可以发现什么

表2

	商品X	商品Y	合计
员工A	50万日元	40万日元	90万日元
员工B	30万日元	60万日元	90万日元
员工C	60万日元	30万日元	90万日元
合计	140万日元	130万日元	270万日元

　　最后，我们把商品X、商品Y与员工A、员工B、员工C的情况交叉组合来看。刚才，我们着眼于最小值，提出"为什么员工B的商品X的销售额只有30万日元"的问题，然而，员工C的商品Y的销售额也只有30万日元。

　　于是，同样可以提取出"为什么员工B的商品X、员工C的商品Y的销售额只有30万日元"这个问题。另一方面，由于只销售了30万日元这个现象发生在了员工B和员工C身上，也就是3人中有2人发生，所以我们知道这个现象不是特殊现象，最小值30万日元也可以不用作为问题来考虑。

从斜向看，可以提取出以下两种情况：

- 为什么员工B的商品X、员工C的商品Y的销售额只有30万日元？
- （或者）30万日元的销售额并不算是很特殊的情况。

STEP UP!

最后，比较一下从表1中员工A、员工B的信息提取出来的问题，以及从表2中员工A、员工B、员工C的信息提取出来的问题。

表1

	商品X	商品Y	合计
员工A	50万日元	40万日元	90万日元
员工B	30万日元	60万日元	90万日元
合计	80万日元	100万日元	180万日元

表2

	商品X	商品Y	合计
员工A	50万日元	40万日元	90万日元
员工B	30万日元	60万日元	90万日元
员工C	60万日元	30万日元	90万日元
合计	140万日元	130万日元	270万日元

	从表1中提取的问题	从表2中提取的问题
纵向的角度	为什么商品X的销售额比商品Y低？	为什么商品Y的销售额比商品X低？（或者）商品X和商品Y的销售额差异不大
横向的角度	为什么员工A和员工B的销售额构成存在差异？	为什么员工A、员工B、员工C的销售额构成存在差异？
斜向的角度	为什么员工B的商品X的销售额只有30万日元？	为什么员工B的商品X、员工C的商品Y的销售额只有30万日元？（或者）30万日元的销售额不算很特殊的情况

● 纵向的角度

商品X与商品Y中哪个的销售额更高，随着员工C信息的加入，情况发生了变化。

"为什么商品X的销售额比商品Y低？"

→ "为什么商品Y的销售额比商品X低？"

（或者）商品X和商品Y的销售额差异不大。

● 横向的角度

关于销售额构成的情况，即使增加了员工C的信息，也没有发生变化。

"为什么员工A和员工B的销售额构成存在差异？"

→"为什么员工A、员工B、员工C的销售额构成存在差异？"

● 斜向的角度

关于最小值，随着员工C信息的加入，重要程度稍微发生了变化。

"为什么员工B的商品X的销售额只有30万日元？"

→"为什么员工B的商品X、员工C的商品Y的销售额只有30万日元？"

（或者）30万日元的销售额不算很特殊的情况。

根据以上的情况，我们知道，随着信息的新增，有些问题发生了变化，有些问题没有发生变化。

综上所述，我们必须有两点意识：第一点，现在看到的问题，是基于我们目前所掌握的信息拟出的问题；第二点，如果不能仅依靠现有的信息来提取问题的话，那么就要思考另外还需参考什么信息。同时，如果能够收集到其他的信息，那么就要在追加了信息的基础上，去思考问题是什么。

另一方面，信息是无穷无尽的，想要收集信息的话，就要摒除那种随意收集信息的做法。而且，有时候想要拓宽信息来源，也有收集不到信息的可能。

正因如此，更要先理解好第一点，即现在看到的问题，是基于我们目前所掌握的信息而拟出的问题。

小结

✓ 解决问题的出发点，是充分把握问题是什么

✓ 从一个信息提取多个问题，这是重要的思路

✓ 可以从不同的角度去观察，从而提取多个问题

✓ 随着信息的增加，问题会发生变化

✓ 要理解，现在的问题是基于现有的信息而拟出的问题

第6讲 | 尝试改变宽幅

人们常说"要正确理解现状"，事实上，要正确地把握现状并不容易。很多时候，看起来有特殊意义的现象，实际上只是偶然情况。那么，如何能够准确地理解正在发生的事情呢？

你收到了一份业务知识理解度的测试得分表（表1），满分是20分，请你对团队40个人的成绩进行分析。

表1 40人的分数

1	3	13	6	18	5	7	16
2	17	8	14	13	5	14	5
3	13	16	5	18	6	20	15
14	8	15	6	19	15	4	13
4	16	8	16	7	7	17	8

只是看表格的话不够清晰，所以你把数据以每5分为一个刻度单位制作了一份图表。

图1 每5分为一个刻度单位的图表

（人数）

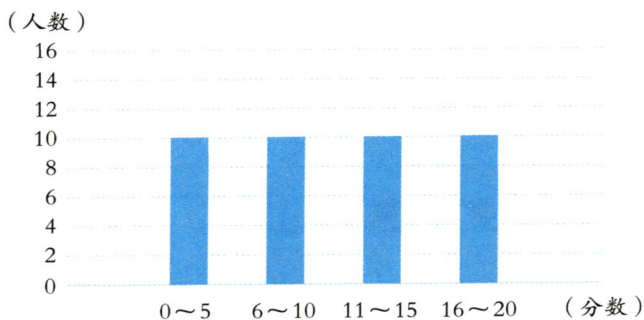

从图表来看，0～5分、6～10分、11～15分、16～20分，每一组都有10人，看起来从成绩好的成员到成绩不好的成员，分布是一致的。

接下来，改为以每4分为一个刻度单位制作成图表（图2）。

图2 每4分为一个刻度单位的图表

（人数）

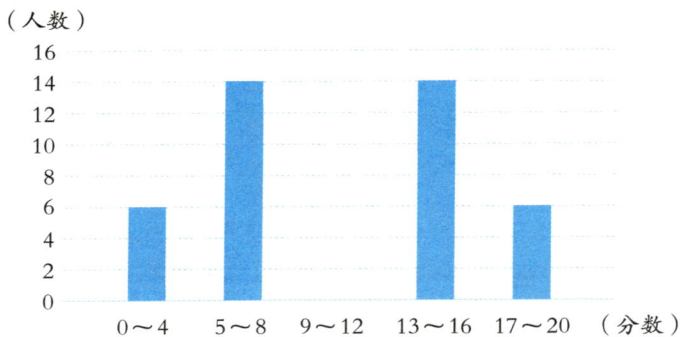

结果刚才看起来是一致的分布，换成以4分为一个刻度单位的图表以后，可以发现数据分布在图中的左右两侧，成绩好的成员与成绩不好的成员分化成两极。

这样转化以后，虽然原始数据是相同的，但以5分为一个单位进行统计和以4分为一个单位进行统计，呈现出来的趋势是完全不同的。

我们经常倾向于以5分为一个刻度单位、以10分为一个刻度这样容易理解的方式进行统计，但理由仅仅是数字容易分割。建议大家不要单纯地以数字容易分割为理由来确定刻度宽幅，要记住以下3个要点：

1. 确认整体数据的宽幅

2. 考虑能够把数据分成4～8组的刻度宽幅

3. 制作多个图表，确认呈现的趋势是否发生变化

1. 确认整体数据的宽幅

以本次的例子来说，测试分数的0～20分就是数据的宽幅。

2.考虑能够把数据分成4～8组的刻度宽幅

数据的宽幅是0～20，所以如果把刻度宽幅设为5，那么可以刚好分成4组；如果把刻度宽幅设为4，那么可以分成5组；如果把刻度宽幅设为3，那么可以分成7组。因为4～8组只是大致参照值，所以并不意味着少一点或多一点都不行。

3. 制作多个图表，确认呈现的趋势是否发生变化

刚才分别以"5""4"为刻度宽幅制作了图表，现在尝试再以每3分为一个刻度单位，把整体数据分为7组来制作图表（图3）。

图3 每3分为一个刻度单位的图表

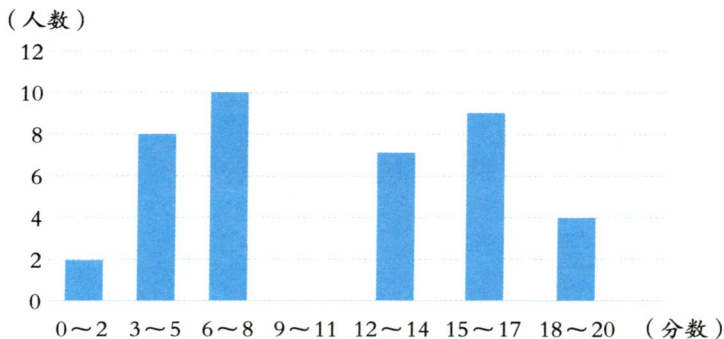

（人数）

| 分数 | 0～2 | 3～5 | 6～8 | 9～11 | 12～14 | 15～17 | 18～20 |

表1 40人的分数

1	3	13	6	18	5	7	16
2	17	8	14	13	5	14	5
3	13	16	5	18	6	20	15
14	8	15	6	19	15	4	13
4	16	8	16	7	7	17	8

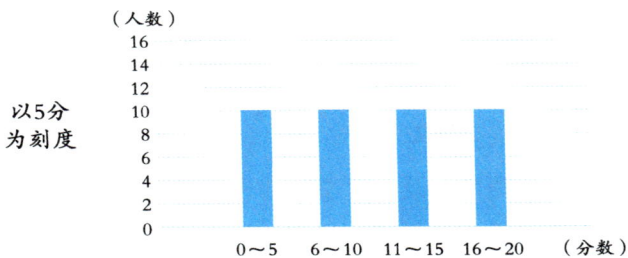

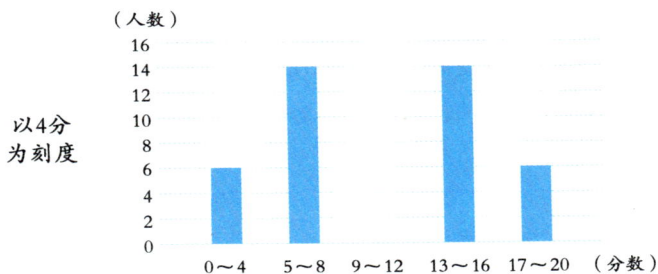

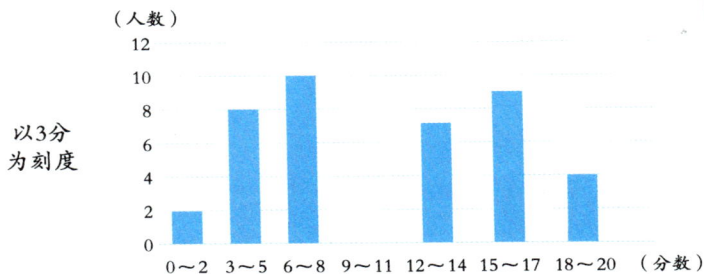

以5分
为刻度

（人数）

以4分
为刻度

（人数）

以3分
为刻度

（人数）

成绩好的成员与成绩不好的成员两极分化，分布在图表的左右两侧，这一点跟图2的解释大体一致。另一方面，在图3中，比起左右对称分布的现象，在这里更突出的印象是左侧成绩不好的成员较多，这是因为得分为6～8分的人数较多。

　　同样是40人的数据，随着刻度宽幅的变化，呈现的趋势却完全不同。那么，哪一种刻度宽幅最合适呢？答案是哪一种都可以。之所以这么说，是因为原始数据是相同的，只是改变了刻度宽幅来呈现而已。

　　在这里，可贵的不是问"宽幅为多少最合适"，而是理解"选择不同的宽幅，呈现的趋势可能会发生变化，解释可能会发生变化"。

　　同时，大家要时刻记住，尝试以不同的刻度宽幅进行划分，观察呈现出来的趋势如何变化，或者有没有变化，不断进行摸索。

你的职责之一是把握到店顾客的人数。

昨天的顾客数是90人，今天是130人，增加了40人。你想知道这40人的差异是由于哪些顾客增加而形成的，所以把昨天的顾客数和今天的顾客数，以10岁为一个刻度单位，大体分为11～20岁，以及21～30岁这两组来制作图表。

图4

（人数）

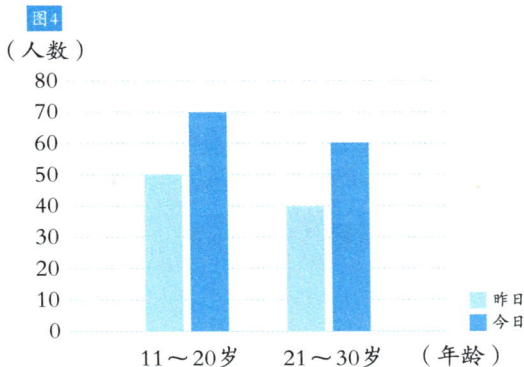

从图表来看，11～20岁、21～30岁这两组各增加了20人。然而，仅仅这样的话无法完全把握是什么年龄的顾客有所增加。于是，你按照每一岁为一个刻度单位，仔细地整理了年龄分布的情况，得出表2的结果。

表2

年龄（岁）	13	14	15	16	17	18	19	20	21	22	23	24	25	26
昨日（人）	5	5	5	5	5	5	10	10	10	10	5	5	5	5
今日（人）	5	5	5	5	5	5	20	20	20	20	5	5	5	5

那么，我们应该以几岁为一个刻度单位来制作图表呢？

解答

1. 确认整体数据的宽幅

我们知道数据的宽幅是13～26岁。

2. 考虑能够把数据分成4～8组的刻度宽幅

首先，可以按照每4岁为一个刻度单位来分割数据，以此制作图表，如图5所示。从图表可知，人数有增加的是17～20岁及21～24岁的群组。

图5

（人数）

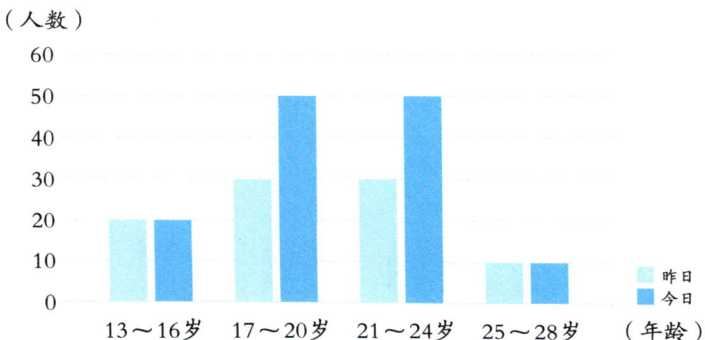

3. 制作多个图表，确认呈现的趋势是否发生变化

刚才尝试了改变刻度宽幅来制作不同的图表，下面我们试试改变数字的起点来制作其他图表。

图5是以13岁为起点，按照4岁的刻度宽幅制作出来的，这是因为手里的数据刚好是从13岁开始的。现在，我们尝试把起点改为11岁，也按照4岁的刻度宽幅制作图表。

结果如图6所示，人数有所增加的是19～22岁的顾客。19～22岁相当于大学生的年龄段，所以可以推测，今天顾客的人数有所增加，是因为大学生比昨天来得多。

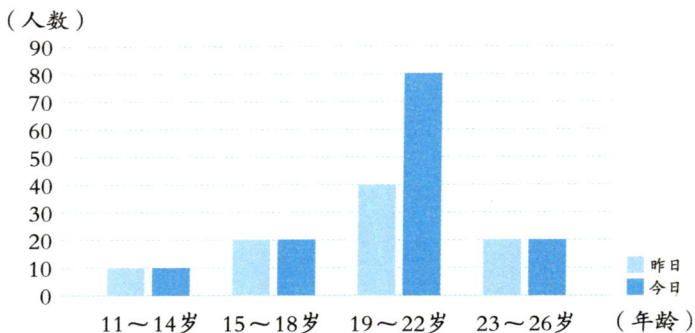

图6

（人数）

（年龄）
11～14岁　15～18岁　19～22岁　23～26岁

昨日
今日

如上所述，即使刻度宽幅相同，如果计数起点发生变化，图表呈现的趋势也会发生变化。所以大家分析时，除了要改变刻度宽幅制作多个图表，也要尝试改变计数起点，看看图表呈现的趋势有无变化。

年龄（岁）	11	12	13	14	15	16	17	18	19	20	21	22	23	24	25	26
昨日（人）	–	–	5	5	5	5	5	5	10	10	10	10	5	5	5	5
今日（人）	–	–	5	5	5	5	5	5	20	20	20	20	5	5	5	5

另外，刻度宽幅应该设为多少、计数起点应该设为多少、最终采用哪种分割方法，在思考以上内容时，也要把定性解释能否成立作为其中一个基准纳入考虑范围。

目前，我们思考了应该以几岁作为一个刻度宽幅来制作图表，最后我们还要考虑如何把握年龄数据。

到店顾客数还可以按照时间段或者星期几的不同来划分，而时间段或星期几的数据，相比年龄来说是更容易划分的切入点。相反，按年龄来划分数据比较有难度。因为时间段或者星期几的数据，只要追溯收银机的记录就可以统计，而年龄的数据必须是有意地去获取。

实际上，在便利店等地方，工作人员录入收银信息时，会填入眼前顾客的年龄层数据，哪怕只有观察所得的印象。

或者也可以利用积分卡。积分卡的目的是希望顾客有其他机会再次光临，它还有一个目的就是建立商品与购买者的联系，记录下谁买了什么物品，这些也能用于数据分析。

为了理解现状，要确定数据以怎样的切入点进行分割，这点很重要。同时也要理解，为了进行数据分割，有些信息需要有意地去获取。

小结

- ✔ 现在正在发生什么事情，这不是凭借单一想法就能确定的，也不是靠别人来告诉我们就能知道的
- ✔ 需要对多个可能性进行不断摸索并思考
- ✔ 改变刻度宽幅、改变计数起点来制作多个图表
- ✔ 对呈现出来的趋势考虑定性的解释
- ✔ 为了进行数据分割，有些信息需要主动去收集

第7讲

看清脉络

从现有的信息里找出一定的意义很重要，然而事实上，"现在"正在发生的事情，根据过往"经过"的不同，相应的解释也会发生变化。那么，要理解"现在"的话，应该怎样去看待"经过"呢？

假如你的公司每个季度都会进行一次顾客满意度调查（10分为满分）。上季度（第三季度）分数是8分，本季度分数降低至7分。为了确认这是否只是发生在本季度的现象，你决定追溯过去一年的情况，并进行调查。

假设调查的结果如图A、图B、图C所示，那么接下来还需要调查什么内容呢？

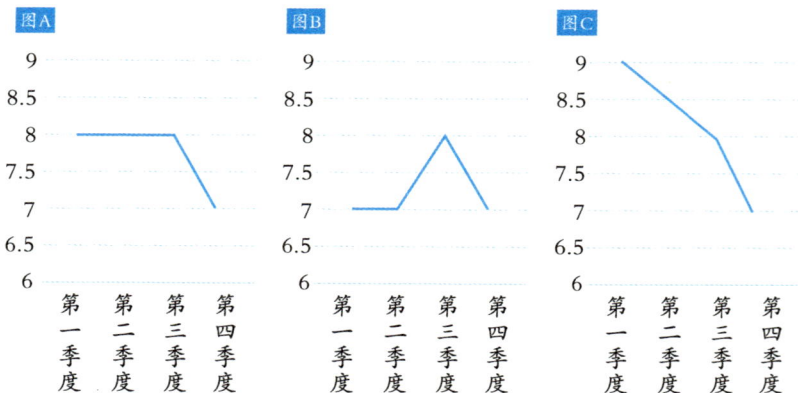

图A 图B 图C

从图A来看，第一季度、第二季度、第三季度都是8分，到了第四季度则下降到了7分。因为以往都能维持在8分，所以这次调查的方向很可能是调查本季度下降为7分的原因。

从图B来看，从第三季度到第四季度，确实由8分下降至7分，但第一季度和第二季度也是7分，与本季度相同，思考为什么本季度有所下降只是其中一种方向。但另一方面，也可以解释为主要是第三季度的评价较高，所以调查为什么第三季度的评价较高，也是一种可以考虑的方向。

从图C来看，我们知道从第一季度开始分数就持续下降，同时，从下降趋势来说，第三季度至第四季度的下降幅度有所扩大。所以很可能要调查"为什么出现持续下降""本季度比以往下降幅度更大的原因是什么"。

像这样，比起只观察前一季度（第三季度）与本季度的信息，把握第一季度以来的连续变化趋势更能够做出正确的解释。建议大家不要只根据现有的信息进行判断，应该扩大范围，以便观察需要注意的信息，确认趋势。需要留意的要点有三个：

1. 收集一定期间内的信息

2. 把数据转化为图表，用眼睛观察趋势

3. 发现趋势

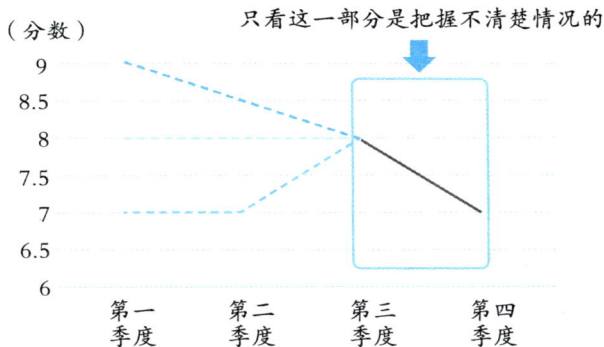

1. 收集一定期间内的信息

很多时候，分析开始于上月与本月、去年与今年等期间的对比，把"现在"与"之前"进行比较，就能够了解到差异。但是，这种比较只是上一阶段与现在的比较，仅

是两个时期的比较。建议大家如果是按月度看的话，往回追溯一年的长度；如果是按年度看的话，至少追溯五年来进行观察。

2. 把数据转化为图表，用眼睛观察趋势

得到信息以后，务必将信息转化为图表。制作图表的目的是把握住趋势。如果只是在表格里看数值，是难以看清趋势的，我们可以尝试把数据图表化之后进行判断。

3. 发现趋势

制作出图表以后，可以判别一下，这是属于"只发生在本阶段的现象"，还是"从前开始持续发生的现象"，还是"周期性的现象"。

如果是只发生在本阶段的现象，那么就要进一步调查本阶段发生了什么情况；如果是从前开始持续发生的现象，那么要确认是什么时候开始发生的，趋势有没有加速或减速；如果是周期性的现象，那么要确认是哪种程度的周期，这个周期有没有变长，是不是没有变化，有没有变短。

你受委托调查某个行业的竞争情况，调查了竞争对手A、B、C公司的门店数。

	去年	今年
A	800	1000
B	800	1000
C	800	1000

然而，遗憾的是，比较去年和今年的情况之后，没有发现差异。于是，为了收集一定期间内的信息，你追查了四年以来的数据。

	四年前	三年前	两年前	去年	今年
A	500	600	700	800	1000
B	600	800	1000	800	1000
C	100	200	300	800	1000

同时，为了把握趋势，制作了以下的图表。

（数量）

```
1200
1000                    B
 800                              A
 600
 400                         C
 200
   0
      四年前   三年前   两年前   去年   今年
```

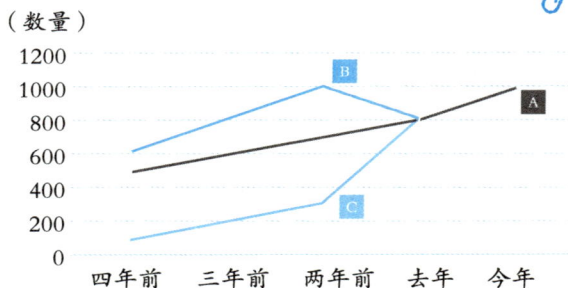

　　那么，从上述图表可以发现什么趋势呢？在找到这个趋势以后，可以做出怎样的解释呢？

解答

我们逐一确认A公司、B公司、C公司的发展趋势。

A公司

· 门店数在持续增加

· 从去年至今年的增幅，比以往的增幅更大

B公司

· 门店数持续增加的趋势曾经在两年前停滞过

· 从两年前至去年，门店数有所减少

・从去年至今年，恢复到原来的水平

C公司
・门店数在持续增加
・从两年前至去年的增幅最大
・从去年至今年的增幅，相比前年的增幅有所放缓

以上是可以从图表读取的趋势。

例如，可以解释为稳健增长的A公司在进一步加速发展，过去拥有最多门店的B公司呈现出恢复发展的征兆，而C公司给人的印象是一口气进行了扩张。这些只观察去年与今年的数据无法得知的情况，现在渐渐明晰。

STEP UP!

最后，我们要进一步掌握的是，在找到趋势以后应该继续思考什么内容，按时间轴观察数据时有哪些需要留意的地方。

请观察以下的数字，这些数据是2008—2016年日本全国便利店的门店数。

2008年	2009年	2010年	2011年	2012年	2013年	2014年	2015年	2016年
41714	42629	43372	44397	46905	49335	52034	53004	53628

〔出处：日本特许经营协会（JFA）主页〕

只看数字的话，难以把握趋势，所以制作成图表。

（数量）

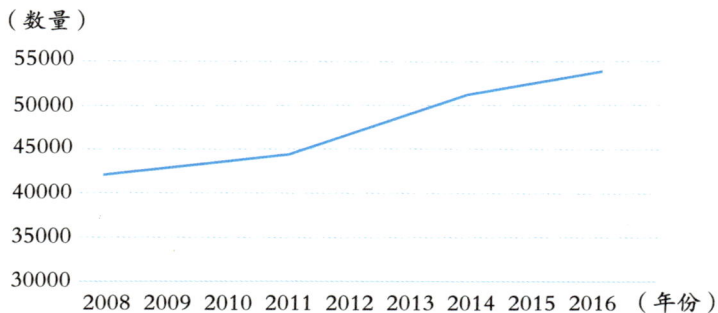

为了能够看得更加清晰，纵轴以三万家店作为原点。

从这个图表来看，大体可以读取三个与趋势有关的信息：

· 整体呈增长趋势

· 从2011年开始，增长趋势在加速

· 从2014年开始，增长趋势变缓

那么，请思考一下，关于趋势的第二点，为什么从2011年开始，增长趋势会加速呢？因为2011年是日本东北地区发生地震灾害的一年，以此为契机，以前很少去便利店购物的年长人士也开始去便利店了。因此，日本东北地区的便利店开店数有所增加，从而形成了这个变化。

如上所述，在把握到趋势以后，要同时思考这个趋势产生的原因。

最后，我们需要留意的是，当趋势发生变化时，里面肯定隐藏了某种原因，而且也有可能发生了一些大的环境变化。上述例子中提到的地震灾害，当时在社会上也产生了很大的影响。

所以，我们需要注意的是，对数据的见解或解读、评价。在变化前与变化后，有时可能是社会环境发生了变化。

因此，不能一律以同一标准来评价，哪怕意义几乎是相同的，也要带着"应该把哪个范围作为与现在相同的前提来考虑"这样的思路，充分进行思考。

小结

✔ 以时间轴看数据时，仅看上年度与本年度的数据是把握不清趋势的

✔ 有意识地扩大范围

✔ 看趋势的角度：是否只发生在本阶段，是否持续发生，是否是周期性现象

✔ 尝试对趋势进行定性解释

✔ 充分意识到能够在相同前提下进行评价的范围

第8讲 | 尝试分解观察

分析的基础是进行分解，只看原本的基础数字是无法展开分析的。大家要把数据进行分解，找到有特征性的趋势，因为这样更有利于思考事情发生的原因。那么，应该如何进行分解，如何找到趋势呢？

假如你是负责玩具厂家展厅的工作人员，按要求需要维持一定数量的来访者人数。其中，本周的来访者人数为900人，与上周的来访者人数1000人相比，人数减少了100人，比例下降了10%。如果只是偶然发生的情况则无大碍，但也有可能发生了某些问题。所以你决定对来访者的数据进行分解研究。

首先，把工作日与周末的人数分解，得到表1的结果。

表1

	工作日	周末	合计
上周	300	700	1000
本周	270	630	900

从表1中可以知道以下信息：

· 工作日减少了30人，比上周下降10%
· 周末减少了70人，比上周下降10%
· 整体减少了100人，比上周下降10%

减少的人数比例，不管是整体还是工作日、周末，都是10%，没发现具有特征的趋势。我们可以认为不管是工作日还是周末，都有所减少。

接着，把个人顾客和团体顾客的人数进行分解，得出表2的结果。

表2

	个人	团体	合计
上周	800	200	1000
本周	700	200	900

从表2中可以知道以下信息：

· 个人顾客减少了100人

· 团体顾客减少了0人

· 整体顾客减少了100人

由此可知，本周减少的100人，不是团体顾客而是个人顾客。把工作日与周末的数据分解后，未看到具有特征的趋势，但把个人顾客与团体顾客的数据分解后，呈现出具有明显特征的趋势。

如前所述，以某个切入点来分解数据看不到具有特征的趋势，但以其他切入点进行分解后，就呈现出具有特征的趋势，这种情况很常见。为了锁定问题所在，建议大家尝试以多个切入点进行数据分解。需要做的是以下两个要点，非常简单：

1. 尝试以某个切入点进行分解

2. 尝试以其他的切入点进行分解

我们用图来整理一下刚才的例子。下图是对本周来访者人数的模拟图，虚线圆圈代表与上周的差异部分，即本周减少的人数。

我们在这里想做的是，确定减少的人（虚线圆圈）是哪些人。

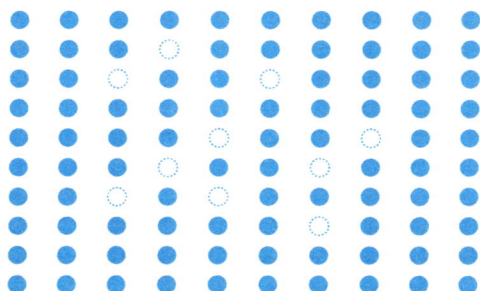

○ 与上周的差异部分（减少的人）

1. 尝试以某个切入点进行分解

首先，尝试分解了工作日和周末的数据。参照以下的模拟图，可以看到这样做并没有找到明显的趋势。

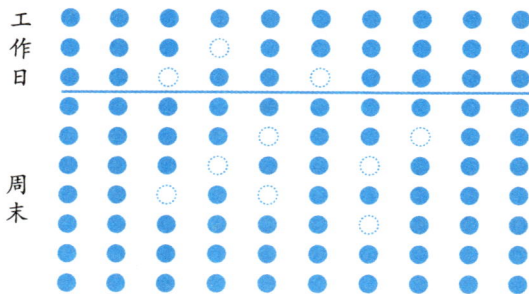

区分工作日与周末以后，从虚线圆圈的情况无法确定共同的趋势。在两者的区域内，都有虚线圆圈，所以得出的结

论是工作日和周末的人数都同样有所减少。

2. 尝试以其他的切入点进行分解

要找出工作日和周末以外的切入点，在这里我们尝试以个人与团体进行区分。这样分解以后，了解到团体顾客没有减少，减少的全是个人顾客。

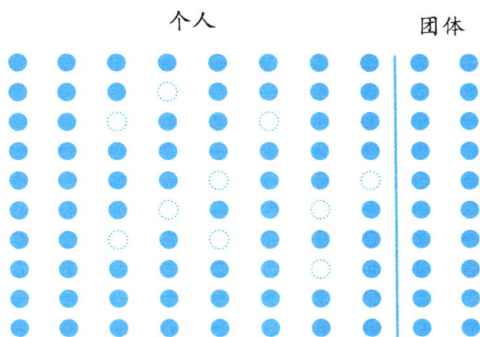

从这幅图可以看到，虚线圆圈全都包含在个人顾客的范围里面，所以相当于团体顾客没有发生变化。通过这个切入点可以知道，所有的虚线圆圈都包含在"个人"范围里，这便是我们找到的特征。

为了把握到具有特征的趋势，建议大家尝试从多个切入点进行分解。以多个不同的切入点进行分解，就会更有可能出现具有特征的趋势。

　　除此以外，还有一点很重要，就是即使已经出现了某个具有特征的趋势，也不能就此停步。从某个切入点发现了一种特征，不代表其他切入点就不会呈现出特征。

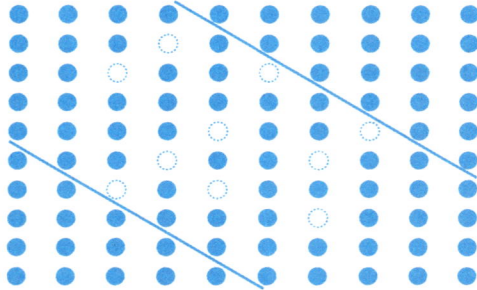

　　用图来补充分析以后，从个人和团体这个切入点发现了一定的特征，但如上图所示，从其他的切入点来看，也有可能挖掘出某些特征。

　　此外，根据不同的原因，还有可能同时发生多个现象。

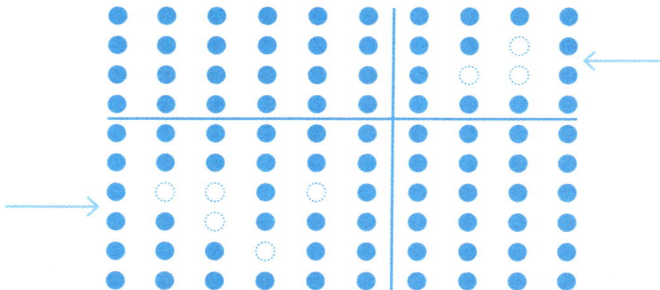

因此，不能因为发现了一个有特征的趋势就止步了，大家要多尝试一些有可能发现其他特征的切入点。

练习题

为了进行更细致的分析，还可以尝试以成人和儿童为切入点进行分解。请思考，从表1、表2、表3来看，可以对正在发生的情况分别做出怎样的解释？

表1

	工作日	周末	合计
上周	300	700	1000
本周	270	630	900

表2

	个人	团体	合计
上周	800	200	1000
本周	700	200	900

表3

	成人	儿童	合计
上周	400	600	1000
本周	300	600	900

解 答

表1

	工作日	周末	合计
上周	300 ↓	700 ↓	1000
本周	270 ↓	630 ↓	900

同样有所减少

表2

	个人	团体	合计
上周	800 ↓	200	1000
本周	700 ↓	200	900

个人顾客
有所减少

表3

	成人	儿童	合计
上周	400 ↓	600	1000
本周	300 ↓	600	900

成人顾客
有所减少

从上面三个表格中可以得知以下信息：

· 从表1中得知，工作日和周末没有特别的差异
· 从表2中得知，个人顾客减少100人
· 从表3中得知，成人顾客减少100人

由此可知，不仅有"个人顾客减少"这个特征，还存在"成人顾客减少"的特征。像这个案例一样，有时可能存在多个特征

性的趋势，所以在找到了一个趋势之后，建议不要就此止步。

另一方面，我们要慎重考虑，是否从这两个事实就可以直接得出"成人的个人顾客数减少了100人"的结论。例如，有可能出现表4的情况。

表4

	个人		团体		合计
	成人	儿童	成人	儿童	
上周	300	500	100	100	1000
本周	250	450	50	150	900
增减	−50	−50	−50	+50	−100

首先，我们确认一下团体顾客整体的增减情况。团体顾客中的成人顾客减少50人，另一方面，团体顾客中的儿童顾客增加了50人。结果是，团体顾客的整体人数，由于成人顾客的减少以及儿童顾客的增加，相互抵消，增减为0，看起来没有变化。

同样地，我们确认一下儿童顾客的整体增减情况。个人顾客中的儿童顾客减少50人，另一方面，团体顾客中的儿童顾客增加了50人。结果是，儿童顾客的整体人数，由于个人顾客的减少以及团体顾客的增加，相互抵消，增减为0，看起来没有变化。

如果只看表2、表3，从结果来看，则会表现为以下4个现象。

· 团体顾客没有减少

· 儿童顾客没有减少

· 个人顾客减少了100人

· 成人顾客减少了100人

　　这样一来，从表2、表3读取到的个人顾客减少100人以及成人顾客减少100人的信息，很可能会变成一致的内容。那么根据这个结果，自然会解读为成人的个人顾客减少了100人。然而，实际的情况是，如表4所示，成人的个人顾客只减少了50人，同时还出现了其他几个变化，但由于它们相互抵消了影响，就没有被识别出来，这种情况也是有可能发生的。

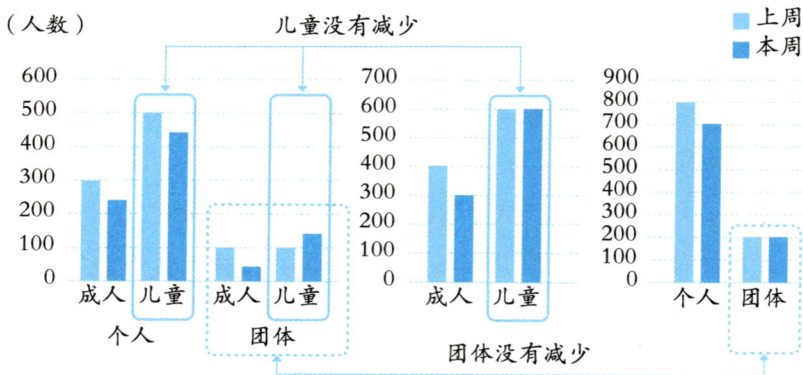

　　通过不同的切入点进行分解后，如果发现了一致的数字，通常会想下结论说"就是这个"，但这个结论是不充分

的。有时候会出现偶然的表面现象，请不要根据表面数字轻易下结论，这点非常重要。

个人顾客减少100人不一定等于成人顾客减少100人

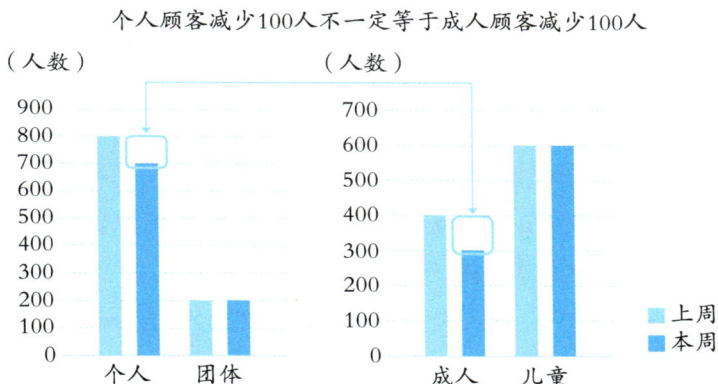

反过来说，必须细致地分解到表4的程度，即个人与团体、成人与儿童、上周与本周的程度为止（下图是由表4转化而来的图表）。

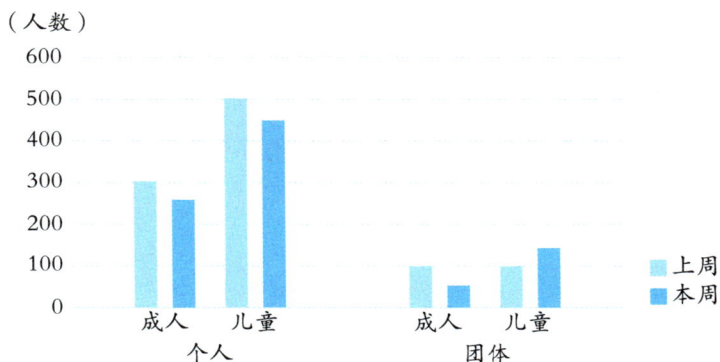

STEP UP!

最后，为大家介绍一下找到多个切入点进行分析的思路，即对偶然想到的切入点提升抽象程度，再重新思考具体的内容。

例如，把工作日与周末这个切入点的抽象程度提升，就得出时间（When）的概念。接着可以从时间的概念出发，思考一下有没有其他的切入点。从上午／下午、工作日／周末再进一步细分，就可以找到具体到星期几的切入点。

同理，我们尝试一下把个人／团体的抽象程度提升。个人／团体属于人（Who）的概念，人的概念中还包含哪些切入点呢？例如，可以找到成人／儿童、10岁以下／10岁以上、20岁以下／20岁以上、30岁以下／30岁以上、40岁以下／40岁以上等的切入点。

就像这样，偶然想到一个切入点以后，可以提升抽象程度，思考一下这个切入点属于什么概念。然后，在抽象程度提升后的状态下，思考一下这个概念中有什么具体的内容，这样就可以从一个切入点出发，联想出多个切入点。

时间的概念 （When）			人的概念 （Who）		
抽象化		具体化	抽象化		具体化
分工作日／周末	分月度		分个人／团体	分年龄	
	分星期几			分成人／儿童	
	……			……	

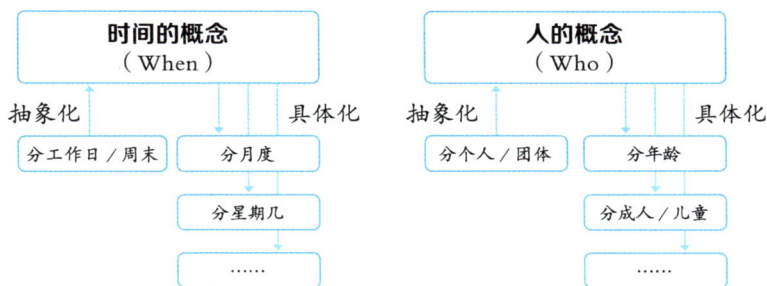

　　此外，还可以思考一下，在提升了抽象程度，得出时间（When）、人（Who）这些概念以后，还有没有其他属于同等抽象程度的概念。这样就可以继续延伸至场地（Where）、物品（What）等概念，能够更加全面、更有深度地进行思考。

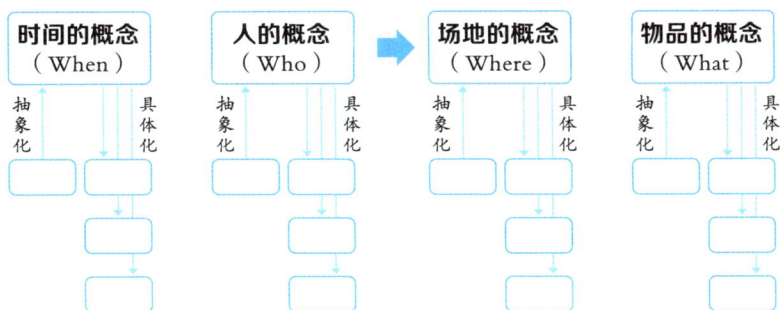

时间的概念 （When）	人的概念 （Who）	场地的概念 （Where）	物品的概念 （What）
抽象化　具体化	抽象化　具体化	抽象化　具体化	抽象化　具体化

　　对于研究对象，如果能够提升其抽象程度，就意味着可以从高视角来俯瞰，更有可能把握事实的全貌。建议大家养成习惯，通过提升抽象程度来把握事实。

小结

✔ 分析从分解入手

✔ 尝试以多个切入点进行分解

✔ 具有特征的趋势不一定只有一个

✔ 对表面数字的一致性保持警惕

✔ 通过具体、抽象地来回思考，增加切入点

第3章
让数字去工作

· ·

　　能够进行逻辑思考的人，懂得灵活巧妙地运用数字。数字的威力是使万人皆能相通。数字"10"，无论对于谁来说，都意味着"10"这个值。把数据作为证据来使用、分解数字找出意义等，在各种各样的情况下，都能让数字为我们工作。本章将会学习如何能够利用好数字。

第9讲

计算单位平均数

　　按每人、每天等计算出单位平均数量，能够为我们带来的意义远高于单纯的除法，它可以把难以想象的数字变成贴近生活的、有实在感觉的数字。那么，具体应该怎样按照单位来划分数字呢？

　　"2018年日本苹果产量为756 100吨"（出处：日本农林水产省主页），根据这个数字，你能想象出苹果的产量是什么程度吗？虽然作为数值可以理解，但很多人却不清楚是何种程度的数量。

　　在这里，我们尝试先把产量改为更有亲切感的个数，这里所需要的是单个苹果的重量。那么，应该是多少呢？不同品种的苹果，其大小会存在差异，但如果我们只追求严谨性的话，就无法进一步分析了。我们暂且把单个苹果的质量大致设定为300克，继续计算。

　　如果按300克来计算，那么苹果的个数是756 100吨÷300克≈25亿2000万个。换算成个数以后，是不是感觉比重量所表达的信息更加实在了？然而，即便是这样，25亿这个数量也实在是太大，还是无法想象。

接下来我们尝试按照人口数量来算除法，计算人均数量（假设可以忽略出口量）。日本的人口约为1亿2000万，计算人均数量的话，这个值相当于每人约20个。

"苹果的产量是756 100吨"
→"苹果的产量是25亿2000万个"
→"苹果的产量相当于人均20个"

756 100吨这个难以想象的数量，通过换算成个数，进而换算成人均数量，可以变成人均20个这样有实在感觉的数字。

实际上要做的事情，就是不断精确地运用除法，在进行计算的时候，需要有两点意识：

1. 换算成"有亲切感"的单位
2. 不拘泥于严谨性，可以计算大体的数字

1. 换算成"有亲切感"的单位

在本次的例子中，苹果的产量是以"吨"为单位来表示

的，但我们作为消费者，在认知苹果时，应该不是以重量为单位，而是以个数为单位。同样地，如果是大米的话，可以用量杯的杯数等贴近生活的单位来表示，这对于我们来说就是更"有亲切感"的单位。

另外，在很多时候，总体的量会用金额来表示，在这种情况下，可以除以单价，换算成个数。

2. 不拘泥于严谨性，可以计算大体的数字

在换算成更贴近生活的单位时，以本次的苹果为例，需要能够推算单个苹果的重量。如果因为无法估算一个苹果是几克而停下来，那么无法继续向前分析。大致估算也没关系，大家可以换算成一个有实在感觉的数字，以便去感性理解它的量有多少。

本次例子，我们先假设了单个苹果的重量是300克，然后进行了计算。有时候我们会犹豫，会不会是200克或者是400克，其实无论采用哪一个都是没问题的。

这次我们的思路是，大致估算就可以，我们需要换算成一个可以想象的数字。一般来说，只要数位没错，大体算对就可以。请大家注意，不要太拘泥于严谨性。

此外，当我们无法感知一个苹果的重量时，可以根据与某个熟知的其他物品比较的情况进行推算，这也同样有效

果。如果有人知道一个鸡蛋约重50克，那么他就可以通过跟鸡蛋对比，推算出苹果的重量。大家可以掌握一些能作为某个基准的数值，方便利用。

2018年日本啤酒的消费量是510万千升，请把它转换为有实在感觉的数字。（出处：日本啤酒酿造商协会主页）

解　答

首先，要转换成有实在感觉的单位。

啤酒可以考虑用啤酒杯的杯数来表示。但是，这样的话，就要决定是用大杯、中杯还是小杯，而且还要思考一杯相当于几升等问题。

因此，我们尝试使用既容易换算又容易想象的350毫升／罐作为单位，计算一下相当于多少罐的啤酒。

消费量换算为罐的话，510万千升÷350毫升≈145亿罐。

这比起千升的单位稍微容易想象了，接下来我们尝试让它变成更加实在的数字。

跟苹果的例子一样，我们尝试计算人均数量。但是，与刚才不同的是，啤酒是未满20岁的人不能消费的商品。所以，我们不能单纯用总人口数来除，应该用成人人口数来除会比较合适。

那么，成人人口数量大概是多少呢？即便知道总人口，也有可能不知道成人人口数量。但是，如果我们假设人口分布是均匀的，那么从0岁至100岁，20岁以前的人约占五分之一，也就是说，成人人口约占五分之四……

1亿2000万×4/5≈1亿人

假设喝啤酒的人占成人人口的四成……

145亿罐÷4000万人＝360罐／人·年

也就是说，基本可以推测是每人每天喝了1罐。

虽然成人人口中约有四成喝啤酒的这个假设不知道是否准确，但我们成功地把510万千升这个难以想象的数字，转化成了每人每年喝360罐这个实在的数字。

STEP UP!

接下来补充一下能辅助大家把握实在数字的几个要点。

1. 有时候家庭也可以作为一个合适的单位

像冰箱、电视机等基本上每家都有一台的物品，可以以家庭为单位来考虑。顺带一提，日本约有5000万个家庭。

2. 有时也可以用时间的概念来划分

年度的总量有时也很难想象，这时可以尝试按时间轴进一步细分为每月、每日的情况。

3. 掌握一些基本的衡量标准，会带来便利

日本全国的小学约有2万所，邮局也约有2万所。小学和邮局的共同点是两者都是全国国民可享受服务的机构。

反过来说，即如果要在全国各处提供某种服务的话，需要大约2万个服务点。大型连锁便利店7-11的门店数约有2万家（2019年数据），与小学、邮局是同等水平，可以说它还作为生活的基础设施，成了货物收寄等服务的站点。

以下列举各种机构的数量，以供参考。下列数字均为2019年的数据。

	数量
牙科医院	约68 000
加油站	约30 000
小学／邮局	约20 000
麦当劳	约2900
星巴克	约1500

牙科医院的数量比预想的要多，是小学的3倍以上；加油站的数量比汽车或人的数量少，但考虑开车移动范围较广，所以加油站的数量比小学或邮局多也是正常现象。另一方面，麦当劳、星巴克等店铺与小学、邮局的数量相比，实际上并不多。

这些数据每年都会变化，需要不断更新，但要进行某些情况的解释时，如果能够提前掌握几个可以作为基准的数字，就可以通过与这些数字比较的结果，思考如何去解释其含义。

除服务点的数量以外，还可以掌握一些与人数相关、与金额相关的基准值。

另外，关于范围，掌握日本全国的情况是当然的，如果还能把规模扩展到亚洲、全球的话，就有更充裕的解释空间了。大家可以先从自身关心的主题开始着手，尽可能把握一些"基准"。

小结

✓ 转化为有实在感的数字很重要

✓ 选择合适的单位，在此基础上，尝试计算出单位平均数量

✓ 单单是精确地进行除法计算，就能变得非常容易想象

✓ 我们的目的是把握实在感，所以不要太拘泥于严谨性

✓ 如果提前了解一些能够作为基准的数字，就能有更宽广的解释空间

实数和比率两方面都使用

实数和比率两者都很重要，然而脑海中虽然明白这个道理，却很容易只用眼前的数字去思考其意义。我们不是要讨论哪一个更好，而是需要把这两个要素都把握到。那么，应该如何去使用实数和比率呢？

我们通过两个例子去思考。

· 例1

员工A和员工B的销售风格不同，员工A是勤勤恳恳跑订单的类型，员工B则是先做好调研再去接近目标顾客。以下是员工A、员工B在某个月份的销售成绩。

	访问数	订单数
员工A	50	15
员工B	30	12

那么，员工A和员工B，谁的成绩更优秀呢？

我们不仅要看订单数，也可以尝试计算订单率。

	访问数	订单数	订单率
员工A	50	15	30%
员工B	30	12	40%

如果只评价订单数的话，员工A的订单数多，所以可以认为员工A比较优秀，但如果加上效率性来考虑的话，则可以判断员工B更优秀。

·例2

员工C为了确定明年的重点目标顾客，把去年及今年的订单额按照顾客予以区分，尝试进行了分析，发现X公司、Y公司、Z公司的订单额分别增加了20%、10%、5%。

	增长率（％）
X公司	20
Y公司	10
Z公司	5

根据这个情况，员工C决定把增长率最高的X公司作为明年的重点目标顾客。那么，如果我们给员工C提建议的话，可以考虑哪些方面的内容呢？

我们可以建议员工C："应该同时确认实际的订单金额有多大规模。"

例如，在调查实际的订单金额后，有可能出现以下表格的情况。

	去年的订单额	今年的订单额	增长率（%）	差异
X公司	100	120	20	20
Y公司	200	220	10	20
Z公司	1000	1050	5	50

（单位：百万日元）

从增长率来看，X公司确实是第一，但从增加的订单额来看，则是Z公司第一。Z公司本来的订单额规模就很大，因此即使增长率没那么高，它实际增加的订单额却是最大的。

如上述例子，实数和比率两者都要把握，这很重要。

1. 看到实数就计算比率

2. 看到比率就计算实数

1. 看到实数就计算比率

刚才的例1对应了这个要点。

	访问数	订单数	订单率
员工A	50	15	30%
员工B	30	12	40%

不仅要看订单数，还尝试计算了订单率。那么，我们试试在这里增加一位员工D的销售成绩。

	访问数	订单数	订单率
员工A	50	15	30%
员工B	30	12	40%
员工D	10	5	50%

员工D的访问数是10，订单数是5，订单率是50%，从销售效率这个维度来看，员工D的订单率在3人之中是最高的，应该也可以评价为优秀。

然而，出乎意料的是，员工D的访问数、订单数的绝对值却很低。如果算上销售额等实数数据的话，员工D的销售额很可能比员工A、员工B都低。

"观察实数与比率两方面的数据后，再进行评价"，确实需要如此。另一方面，比较之后进行评价的时候，要注意的是，可能得到高评价的对象，前提是其绝对值不能比其他评价对象低得太多，首先要理解这一点。

2. 看到比率就计算实数

刚才的例2对应了这个要点。

	增长率（%）
X公司	20
Y公司	10
Z公司	5

如果只是表示为比率，就很有可能倾向于只考虑比率，后续的行动也有可能只把比率作为参考证据。

在进行比较时，比率是很容易让人理解的概念，但比率终究是用于表达与总量之间的关系，是一个相对的概念，无法表示绝对值。所以请大家务必同时确认实数与比率这两方面的情况。重要的是，要把握清楚增长率背后的数字以及实数在多大程度上影响结果。

	计算的证据		增长率（%）	实数的影响（差异）
	去年的订单额	今年的订单额		
X公司	100	120	20	20
Y公司	200	220	10	20
Z公司	1000	1050	5	50

（单位：百万日元）

最近，为了探讨应该集中力量发展哪个商品，需要分析每个商品的销售情况。我们应该集中力量发展哪个商品呢？

2018年的销售额	2019年的销售额
1000亿日元	1200亿日元

商品名	占销售额的比例 2018年	占销售额的比例 2019年
X	10%	20%
Y	5%	10%
Z	45%	50%

解答

首先，我们留意一下比率的变化。

商品名	占销售额的比例 2018年	占销售额的比例 2019年	占销售额比例的变化
X	10%	20%	增加10%
Y	5%	10%	增加5%
Z	45%	50%	增加5%

从比例的变化情况来看，商品X的变化最大。推测商品X一路增长而来，所以可以考虑向其注入力量。另一方面，刚才提到，不能只看比率，以实数来考量也很重要。那么，我们不以比率来表示变化，尝试计算一下实数吧。

商品名	销售额 2018年	销售额 2019年	销售额的差异
X	100亿日元	240亿日元	140亿日元
Y	50亿日元	120亿日元	70亿日元
Z	450亿日元	600亿日元	150亿日元

我们以实数去了解实际上的销售额情况，发现各种商品的销售额差异分别是：商品X增加140亿日元，商品Y增加70亿日元，商品Z增加150亿日元。

商品X的实数变化确实很大，但商品Z的变化在其之上。这是因为，商品Z本身所占的份额就很大，占比的变化是50%−45%＝5%，这不算一个很大的数字，但从实数来看，却有着很大的影响。

只观察比率时看不出来的信息，计算实数后就显现出来了。

STEP UP!

最后，我们重新梳理关于比率的内容。到目前为止，我们没有做区分，一律使用了"比率"这个词语，但实际上比率有两种类别。

第一种概念是构成的比率。当把整体作为1时，用它表示构成要素所占比值处于哪一种程度，是在思考相对于整体而言，其所占的比率是大还是小，其影响程度、影响力如何的时候使用的比率。

第二种概念是变化的比率。当把基准作为1时，用这个比值表示发生了何种程度的变化。一般来说，多用于要把一定的时间区间内发生的变化量进行量化的情况。有可能会出现大于1的值，也可能会出现小于1的值。

接下来，请阅读以下文段。

"与去年相比，销售额增加50%。国内销量与海外销量的比率从4∶6变为3∶7，海外销量走俏！"

我们暂且不讨论情况的好坏，只谈谈文段传递出来的

106

信息。"销售额增加50%"是与去年的比较，属于变化的比率，后者的"国内销量与海外销量的比率"是构成比。如这个例子，在实际的商业场合中，有时会出现把两种比率混在一起来讲述的情况。

更令人烦恼的是，两种都叫"比率"，也同样使用"%"这样的单位，所以有时会难以区分是哪种意思的比率。不管是数字的使用者还是阅读者，都应该充分理解这个"比率"是构成的比率还是变化的比率。

那么，请再次思考一下：国内的销量，是好还是不好呢？

为了能够简易理解，我们假设去年的销售额是100亿日元，尝试进行计算。

	去年	今年	实数的变化
销售额	100亿日元	150亿日元	＋50亿日元

构成比	去年	今年
国内	40%	30%
海外	60%	70%

销售额	去年	今年	实数的变化
国内	40亿日元	45亿日元	＋5亿日元
海外	60亿日元	105亿日元	＋45亿日元

因为销售额增加50%，所以今年的销售额是150亿日元。

因为去年国内与海外销售额的构成比是4：6，所以国内是40亿日元，海外是60亿日元；因为今年国内与海外销售额的构成比是3：7，所以国内是45亿日元，海外是105亿日元。

国内销售额的情况是，去年40亿日元，今年45亿日元，今年比去年增加了5亿日元，如果换算为变化的比率就是，增加了10%以上。

我们再次确认一下最初的信息。

"与去年相比，销售额增加50%。国内销量与海外销量的比率从4：6变为3：7，海外销量走俏！"

确实，"海外销量走俏"这一点不假，但海外销量好，并不代表国内销量就不好。认真计算实数之后，就能发现国内的销售额也有增加。而且，换算成变化的比率，约有10%的增长（40亿日元→45亿日元），这个数值绝对不差。

这里需要留意的是，从某些信息得到的印象，不能够随意进行解释。不能因为国内的比率下降，就随意解释为"国内销量不好"或"国内的销售额有所下滑"。

要养成习惯，在用比率表示的情况下，更需要充分把握实数。

小结

- ✓ 仅看实数无法得知的信息，比率会告诉我们
- ✓ 仅看比率无法得知的信息，实数会告诉我们
- ✓ 务必计算实数和比率两方面的数据
- ✓ 实数的绝对值是前提，要把握清楚
- ✓ 比率包括构成的比率和变化的比率两种类别

把握平均数

平均数能够用一个数值来说明统计总体的特征，是非常有力的指标。这个概念无论对谁来说都耳熟能详，便于充分理解。然而，需要留意的是，只看数字的话，有可能导致误解产生，存在风险。那么，具体应该怎样使用平均数、应该注意些什么呢？

假如你是销售部的一员。昨天，举办了一场面向新客户的销售研讨会，参加者有10位。有一份满分为5分的满意度调查问卷，10位参加者的调查结果如下。

表1

	数据 1	数据 2	数据 3	数据 4	数据 5	数据 6	数据 7	数据 8	数据 9	数据 10
分数	3	3	3	4	4	4	4	5	5	5

这个调查结果需要向上司报告，你会怎样报告呢？例如，可以说3分的有3人，4分的有4人，5分的有3人，像这样报告"每个分数有多少人"。但如果这样报告的话，上司很

难马上得出整体印象。

在这种时候，有一种指标可以传递整体印象，那就是平均数。

算出10份问卷的分数总和（3＋3＋…＋5＋5＝40分）。

这个总和除以总份数，可以算出平均分40÷10＝4.0分。

这样的话，结果就是"总共10份问卷，平均分是4.0分"，不需要进行个别分数的报告，用一个数字就可以表达问卷调查的结果。此外，这样计算平均数，哪怕问卷份数增加至100份、1000份，都是有效的。

计算平均数，可能要花一些力气，但不管是100份的结果还是1000份的结果，都能够用一个数字来表达。平均数是可以用一个数值来表示统计总体的代表值。

可以用一个数字
来表达

| 3分 |
| 3分 |
| 3分 |
| 4分 |
| ⋮ |
| 5分 |
| 5分 |

➡ 平均分是
4.0分

而且，在数据增加以后，
也同样可以这样表达

5分	4分	3分	…	4分
4分	3分	4分	…	5分
3分	2分	5分	…	3分
		⋮		
5分	4分	3分	…	4分
4分	3分	4分	…	5分
3分	2分	5分	…	3分

➡ 平均分是
4.0分

1. 进行计算

2. 转化为图表

想要灵活运用平均数，首先要进行计算。另外，还有一点很重要，就是把数据转化为图表，让整体情况可视化！建议大家养成习惯，以上两点要配合进行。下面分别进行详细说明。

1. 进行计算

大家看到数字时，首先请尝试计算平均数。算出所有数据的总和，然后除以数据样本数。计算本身只是加法和除法，是小学生都能做的简单计算。

2. 转化为图表

其次，就是尝试转化为图表。图表可以帮助我们从视觉上把握整体的分布情况。

我们以刚才的问卷调查为例，进行详细介绍。图1是把刚才的问卷调查结果转化为图表的情况。

整体的分布以平均数4分为中心，3分和5分均匀地分布在两侧。以平均数4分作为代表这个样本的值似乎没有不妥。

图1
（分数）

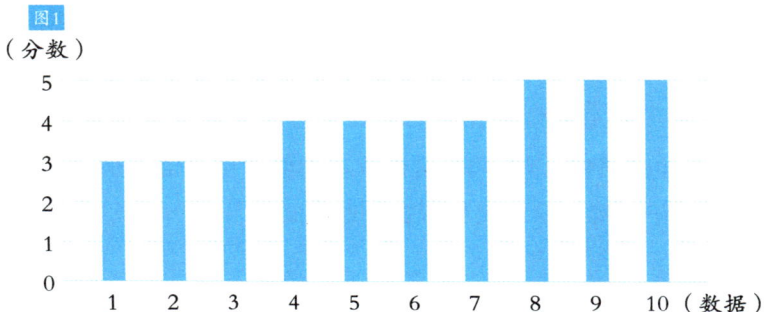

接下来，我们看看图2。图2计算平均数的结果也是4分。然而，它的分布情况是分成3分和5分这两大部分，并不存在4分的数据。在这种情况下，虽然平均数确实是4分，但是用4分作为代表这个样本的值（代表值）是否合适呢？似乎有些不妥。

图2
（分数）

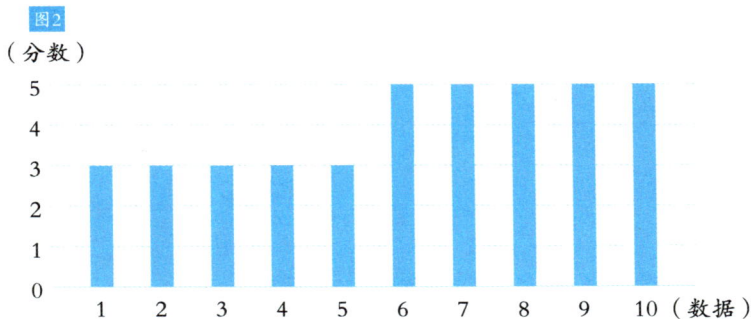

我们再来看看图3。平均数同样是4分，但分布情况是，1分的数据有2个，4分的有2个，而半数以上都是5分。虽然半数以上都是5分，但由于受到2个1分的影响，平均数只有4分。那么用4分作为代表这个样本的值（代表值）是否合适呢？对于这种情况，也是留有一点疑问。

图3
（分数）

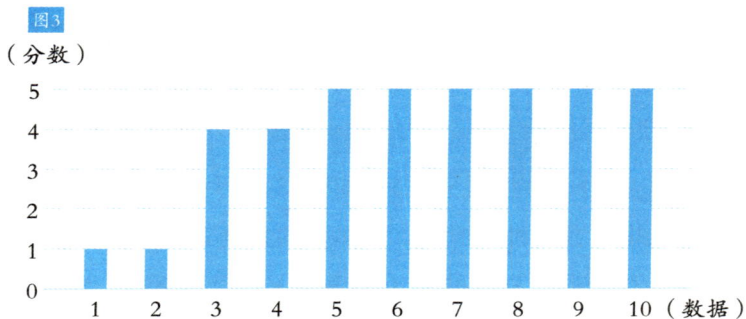

如上述例子，虽然平均数同样为4分，但有可能是图1的分布，也有可能是图2或图3那样的分布。总之，平均数只是计算出来的数值，并不是在表示数据如何分布。

图1
（分数）

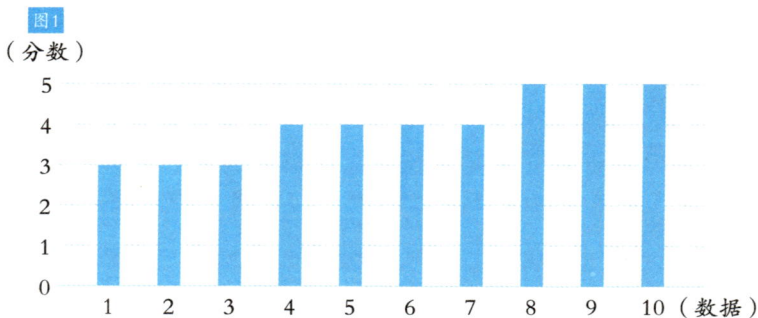

114

图2
（分数）

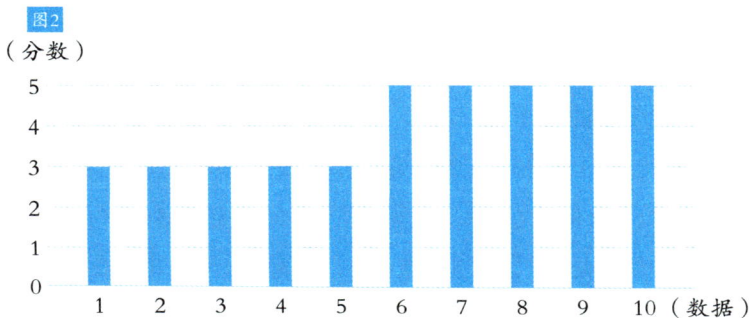

图3
（分数）

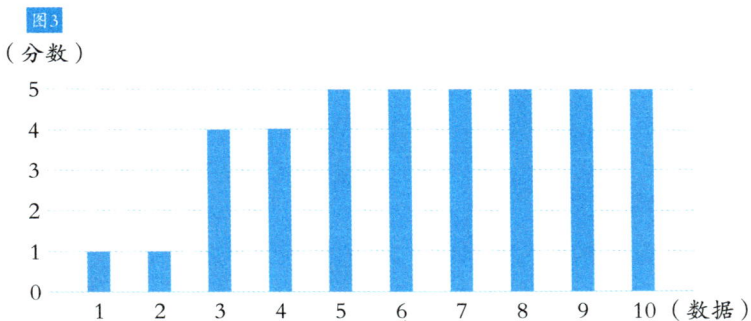

　　正因如此，我们不仅要计算平均数，还必须转化为图表，把握清楚整体的分布情况。

　　此外，一般听到"平均数"，人们就会认为是类似图1的分布，也就会自然地联想为，处于平均数的数据在整体数据中是最多的。

　　因此，如果数据的分布情况类似图1，由于4分的数据在整体数据中占得最多，那么结论为平均分是4分，就没多大问题。

但是，如果数据的分布类似图2或图3，结论只说"平均分是4分"的话，就变成只看平均数了，听者可能会自然联想到图1那样的分布。

因此，如果是图2那样的分布情况，就要说明"平均分是4分，但分化为3分和5分两极"；如果是图3那样的分布情况，就要说明"平均分是4分，但超过半数的分数是5分以上，反而受到了部分1分的影响"，不要只看平均数，通过图表观察整体分布情况而得知的信息，要在报告时添加上去。

练习题

销售部有员工A至员工I，共9名成员。在某一周，他们每人的销售额（单位：万日元）如表2所示。你要对这个结果进行报告，所以马上进行了计算和图表化。

表2

	员工A	员工B	员工C	员工D	员工E	员工F	员工G	员工H	员工I
销售额	100	101	102	109	110	111	112	113	132

1. 进行计算

9名成员单周的销售额平均数是

（100＋101＋102＋109＋110＋111＋112＋113＋132）÷9
＝110万日元

2. 转化为图表

把9人的销售额数据转化为图表后，如图4所示。

图4

（销售额：万日元）

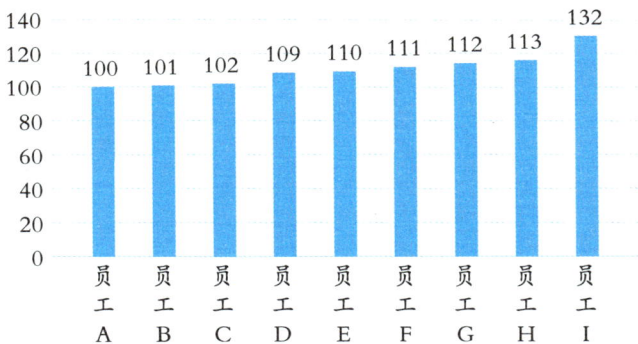

现在问题如下：如果要把计算出来的平均数（110万日元）作为销售部的成绩（代表值），那么有哪些地方必须留意呢（提示：关于员工I，应该怎样去考量）？

解 答

从图表来看，员工I的销售额，相比于其他8名成员似乎有着不同的倾向。因此，如果要把员工I包含在内来计算平均数的话，就需要把握清楚，员工I与其他8人相比，有没有特殊情况。

例如，要先确认好，员工I"销售的货物是否与其他8人不同""是否负责与其他8人不一样的区域"等，有没有出现特殊的情况。

如果要把平均数作为代表值，那么必须确认清楚，"其中是否包含特殊的数据"。数据的图表化，也是辅助判断是否包含特殊数据的一种有效手段。

STEP UP!

最后，介绍一下平均数以外的代表值——中位数。

中位数是指在所有数据中，刚好排在中间位置的数据的值。

图4

（销售额：万日元）

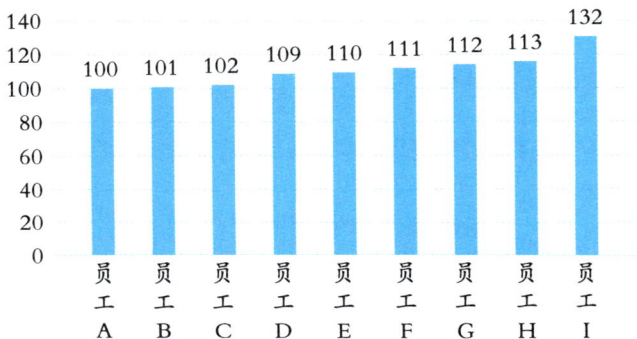

我们尝试找出刚才的销售部销售额数据中的中位数。

这个例子有9名成员，所以正中位置，即第5名成员的数据的值（销售额）就是中位数。第5名成员是员工E，员工E的销售额是110万日元，所以中位数是110万日元。

下面，我们确认一下平均数和中位数有哪些不同的特征。

请看图5。此时员工I的销售额是222万日元，是一个更突出的数值。员工I的特殊性，与图4相比更为明显了。

我们算一算图5的中位数和平均数。

中位数与图4的道理相同，排在9名成员的正中央，即第5名员工E的数据。员工E的销售额是110万日元，所以图5的中位数是110万日元。另一方面，平均数是（100＋101＋102＋109＋110＋111＋112＋113＋222）÷9＝120万日元，与刚才的

图4相比，高了10万日元。

图5

（销售额：万日元）

								222

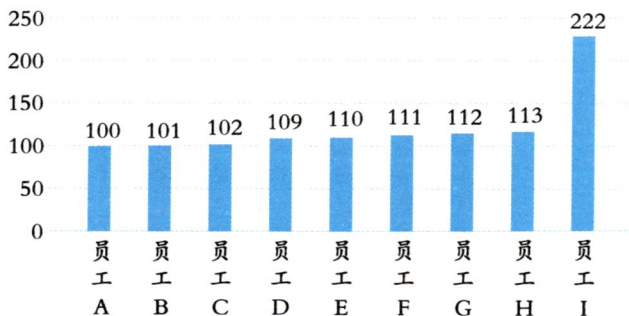

在9个数据中，员工I与其他8人相比较为突出，这一点在图4和图5中是相同的。由于平均数受到员工I的值的影响，所以图4与图5的结果不一样。而另一方面，图4和图5的中位数是相同的数值。

图4

（销售额：万日元）

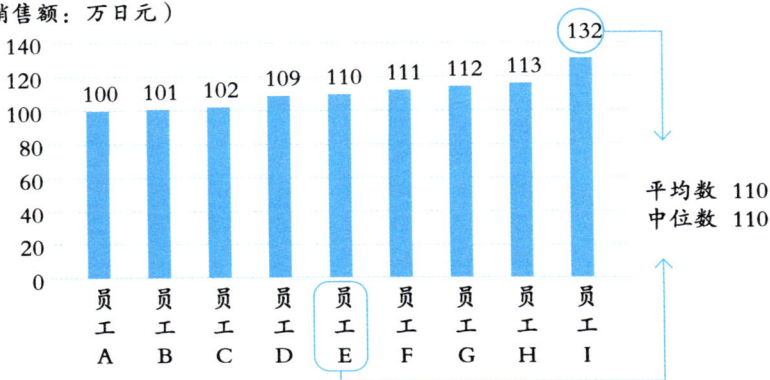

平均数 110
中位数 110

图5

（销售额：万日元）

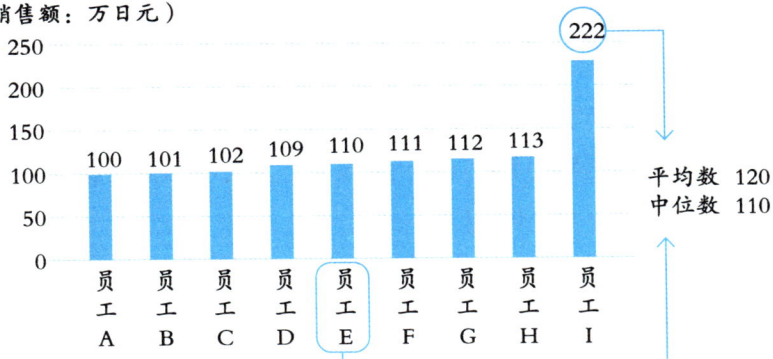

平均数 120
中位数 110

中位数不会受特殊数据影响，没有变化。
平均数受特殊数据影响，发生了变化。

如上所述，中位数具有不易受特殊数据影响的特征。当整体数据中包含了特殊数据时，或者在整体数据的分布不是左右对称的情况下，有时活用中位数作为代表值会比较好，请大家记住这一点。

小结

✓ 平均数可以用一个值代表整体，是便利的指标

✓ 看到数字，就尝试进行计算和图表化

✓ 图表化之后，可以通过视觉把握整体数据的分布情况

✓ 要确认是否包含特殊的数据

✓ 中位数也是代表值的一种，且具有不易受特殊数据影响的特征

第 12 讲

把握不均衡

数据的分布存在不均衡的情况，能够反映这种不均衡程度的指标就是标准差。另外，对某个值的评价，会随着不均衡程度的不同而变化。那么，标准差是怎么计算的呢？应该如何去应用呢？

用于描述不均衡的指标是标准差。这是用来反映数据整体的分布如何分散或者如何集中的值。首先说明一下它是怎么计算的。

假设我们对某项知识进行问答测试后，得出图1和图2的结果。

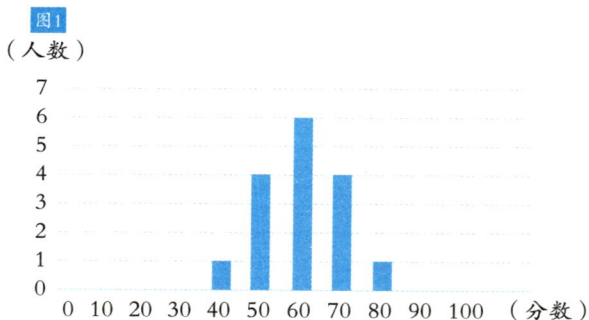

图1
（人数）

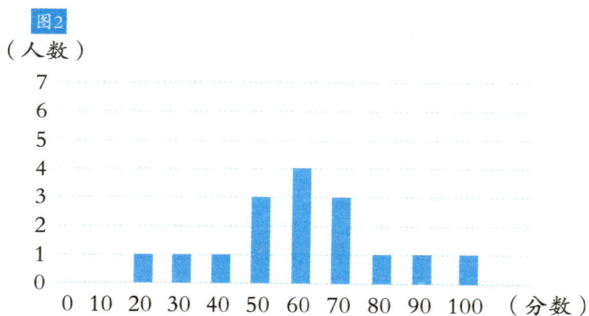

图2
（人数）

图1的平均分是60分，最低分是40分，最高分是80分。

图2的平均分是60分，最低分是20分，最高分是100分。

图1的数据整体分布，在60分的位置出现峰值，数据都分布在靠近60分的地方。虽然图2的平均分也是60分，数据的峰值也在60分附近，但从数据均衡性的角度来看，与图1相比，其山脚位置分布更加广泛。用数值来表现这种分布的差异，就是标准差。

图1的标准差计算如下。

离散程度（与平均数之差的平方的和）
= （-20）× （-20）× 1
+ （-10）× （-10）× 4
+ （0）× （0）× 6
+ （10）× （10）× 4
+ （20）× （20）× 1
= 1600

方差（除以数据个数）
= 1600 ÷ （1 + 4 + 6 + 4 + 1）
= 100

标准差（计算平方根）
= $\sqrt{100}$
= 10

同样地，图2的标准差计算如下。

离散程度（与平均数之差的平方的和）

$= (-40) \times (-40) \times 1$

$+ (-30) \times (-30) \times 1$

$+ (-20) \times (-20) \times 1$

$+ (-10) \times (-10) \times 3$

$+ (0) \times (0) \times 4$

$+ (10) \times (10) \times 3$

$+ (20) \times (20) \times 1$

$+ (30) \times (30) \times 1$

$+ (40) \times (40) \times 1$

$= 6400$

方差（除以数据个数）

$= 6400 \div (1+1+1+3+4+3+1+1+1)$

$= 400$

标准差（计算方根）

$= \sqrt{400}$

$= 20$

综上所述：

图1的平均分是60分，最低分是40分，最高分是80分，标准差是10。

图2的平均分是60分，最低分是20分，最高分是100分，标准差是20。

标准差越大，表示不均衡的程度越高。

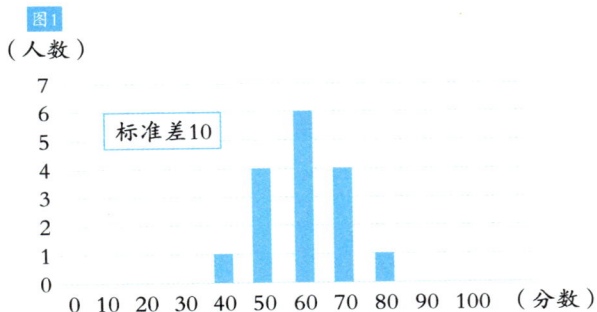

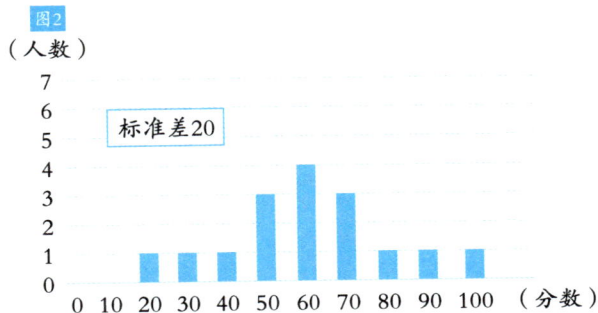

图1
（人数）

标准差10

0 10 20 30 40 50 60 70 80 90 100 （分数）

图2
（人数）

标准差20

0 10 20 30 40 50 60 70 80 90 100 （分数）

图1的标准差是10，图2的标准差是20，只靠平均数无法表达不均衡的程度，通过标准差表现出来了。标准差的计算有3个要点。

1. 计算离散程度（距离平均数有多远）

2. 计算方差（除以样本数）

3. 计算平方根

接下来，我们逐一来确认。

1. 计算离散程度（距离平均数有多远）

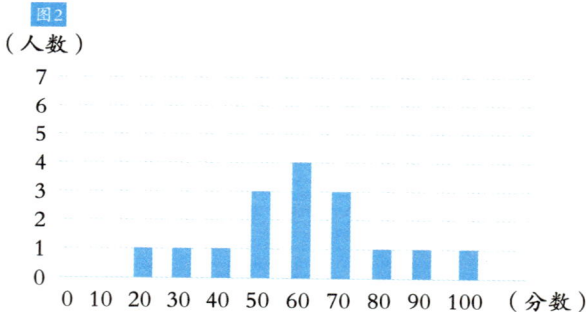

图2

（人数）

我们用图2来计算。首先，100分的有1人，100分距离平均分60分的差值是40分。

计算标准差时，要计算离散程度值的平方。计算平方值以后，对比平均数，离散程度值的影响会变大。具体的计算是，离散程度值的平方数，$40 \times 40 = 1600$，属于这个分差的有1人，即1个数据，所以$1600 \times 1 = 1600$。

接下来，我们试试计算70分的离散程度。

其距离平均分60分的差值是10分，离散程度是10×10＝100。

同时，70分的有3人，所以100×3＝300。

按照这个方法，20分的有1人，30分的有1人，……，100分的有1人，计算所有数据的情况。

离散程度（与平均数之差的平方的和）就是：

$$
\begin{aligned}
&= （-40）\times（-40）\times 1 \\
&+ （-30）\times（-30）\times 1 \\
&+ （-20）\times（-20）\times 1 \\
&+ （-10）\times（-10）\times 3 \\
&+ （0）\times（0）\times 4 \\
&+ （10）\times（10）\times 3 \\
&+ （20）\times（20）\times 1 \\
&+ （30）\times（30）\times 1 \\
&+ （40）\times（40）\times 1 \\
&= 6400
\end{aligned}
$$

2. 计算方差（除以样本数）

通过步骤1，我们知道离散程度的总和是6400。接下来除以样本数，计算出离散程度的平均数。这次有16人的数

据，所以，

$$6400 \div (1+1+1+3+4+3+1+1+1)$$
$$= 400$$

这个400就叫作"方差"。

3. 计算平方根

离散程度通过方差得以表现，但这是利用与平均数之差的平方值算出来的数字，为了恢复到原来数字的维度，我们求出平方根。

$$\sqrt{400} = 20$$

这就是标准差。

接下来，我们学习如何使用标准差进行数据解释。

假设图1是逻辑思考能力的测试，图2是沟通能力的测试，员工A的成绩是，逻辑思考能力70分，沟通能力也是70分。

	逻辑思考能力	沟通能力
员工A的成绩	70	70
平均分	60	60
标准差	10	20

那么，员工A的逻辑思考能力和沟通能力，哪种能力的成绩更好呢？

我们知道刚才的图表的情况，但在实际的商务场景中，我们往往有可能会拿到上述的数据，并需要对其进行解释。因此，重要的是能够根据员工A的成绩、平均分、标准差的数据，对员工A的成绩进行评价。我们来实际进行一下评价。

首先，考虑与平均分之差。不管是逻辑思考能力还是沟通能力的测试，平均分都是60分，员工A的成绩都是70分，两者都比平均分高10分。从与平均分的差异来解读，逻辑思考能力和沟通能力之间无法区分优劣。

接下来，加上标准差来进行评价。逻辑思考能力的标准差是10，沟通能力的标准差是20，这表示逻辑思考能力测试成绩的不均衡程度比较低。也就是说，数据集中在60分附近，得到30分、40分或80分、90分等分数的人不多。

另一方面，沟通能力测试的标准差是20，比逻辑思考能力的标准差大。这表示，数据的不均衡程度较高，较多人的分数与平均分60分拉开了距离。

这样一来，虽然员工A的分数同样都是70分，但逻辑思考能力的成绩是在较多人的成绩集中在平均分60分的情况下拿到的70分，沟通能力的成绩是在较多人的成绩远离60分的情况下拿到的70分。因此，如果要说哪一项更优秀的话，那么可以认为逻辑思考能力测试的成绩更为优秀。

练习题

销售1科和销售2科是互为竞争对手的销售科。某月，销售1科、销售2科的销售额平均数均为200万日元。另外，人均销售额的标准差情况是，销售1科为10万日元，销售2科为20万日元。

某个月的销售额

	销售1科	销售2科
平均销售额	200万日元／人	200万日元／人
标准差	10万日元	20万日元

假设销售1科员工A的销售额是220万日元，销售2科员工B的销售额是230万日元，那么如何判断谁的销售业绩更好呢？请通过平均销售额和标准差来思考。

解 答

销售1科员工A的销售额是220万日元。

220万日元（员工A的销售额）－200万日元（销售1科的平均销售额）= 20万日元

因为销售1科的平均销售额是200万日元，所以员工A的销售成绩比平均数高20万日元。

此外，销售1科的标准差是10万日元。

20万日元÷10万日元 = 2

相当于员工A的销售成绩达到了标准差2倍的位置。

同理，计算员工B的情况。销售2科员工B的销售额是

230万日元。

$$230万日元（员工B的销售额） - 200万日元$$
$$（销售2科的平均销售额）= 30万日元$$

因为销售2科的平均销售额是200万日元，所以员工B的销售额比平均数多30万日元。

此外，销售2科的标准差是20万日元。

$$30万日元 \div 20万日元 = 1.5$$

相当于员工B的销售成绩达到了标准差1.5倍的位置。

销售额方面，比起员工A的220万日元，员工B的230万日元更多，从与平均数之差来看，员工A是20万日元，员工B是30万日元，也是员工B的比较多。单从金额来评价的话，看起来是员工B的销售业绩更好。

然而，如果考虑标准差的话，员工A的销售额达到标准差2倍的位置，员工B的销售额达到标准差1.5倍的位置，从数据不均衡程度的角度来看，可以得出员工A的销售业绩更好。

如上所述，单纯从销售额、与平均数的差额等角度无法看出的意义，可以通过标准差获知。

STEP UP!

最后，请看一看下面的例子。

我们来考量360度评价的结果。员工X和员工Y都有8位同事，他们的合作精神评价（5阶段评价）的平均分如下表所示。从结果可以说明什么问题呢？

	员工X	员工Y
平均分	4分	4分
标准差	0.5	1.5

他们的平均分都是4分，可以做出同等程度的评价，但标准差方面，员工X是0.5分，员工Y是1.5分，数值不同。员工X的标准差0.5比较小，说明平均分4分附近的数据比较多；员工Y的标准差比较大，可以推测数据分布比较不均衡。而且，如果平均分是4分，最高分是5分的话，估计打低分的人有不少。

下面的图表分别展示了平均分为4、标准差为0.5，以及平均分为4、标准差为1.5的例子。

（人数）　　　　　　　　　　　　（人数）

7　　　　　　　　　　　　　　　7
6　┌──────────┐　　　　　　　6　┌──────────┐
5　│ 标准差0.5 │　　　　　　　5　│ 标准差1.5 │
4　└──────────┘　　　　　　　4　└──────────┘
3　　　　　　　　　　　　　　　3
2　　　　　　　　　　　　　　　2
1　　　　　　　　　　　　　　　1
0　 1　2　3　4　5（分数）　　 0　 1　2　3　4　5（分数）

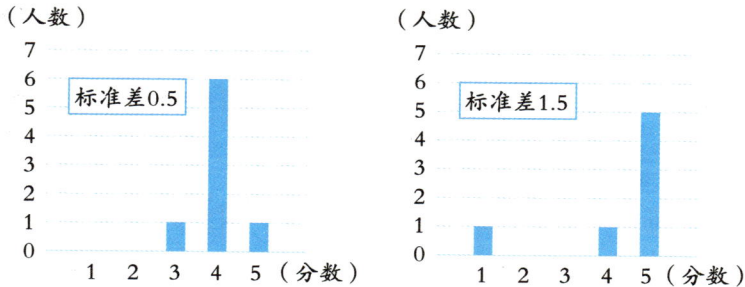

从这个图表来看，可以说明，"员工X无论和谁一起共事都能发挥合作精神，团队成员对他的评价没有太大的差异；另一方面，员工Y的合作则存在一定的特征，呈现出喜欢他的人很喜欢他，跟他合不来的人就没法合作的趋势"。

另外，从数学的角度来说，不管数据的不均衡程度如何，平均数±（标准差）×2的范围内，必定存在整体的四分之三以上的数据，这点已被证明。知道这一点的话，就可以以平均数和标准差为线索，推断数据主要存在于哪一个范围。

在本次的例子中，员工X的平均分是4分，标准差是0.5，那么标准差的2倍就是1，所以4±1，即3～5分应该是包含了整体数据的75%以上。另一方面，员工Y的平均分是4分，标准差是1.5，那么标准差的2倍就是3，本来理论上是1～7分包含了整体数据的75%以上，但由于上限是5分，所以从数据不均衡的角度来看，可以推断很可能存在极端低分的数据。

数据不均衡程度的指标会告诉我们单从平均数无法看出的数据分布情况，希望大家能够灵活运用它进行充分的解释。

小结

✓ 不均衡程度是用于表示数据总体分布（分散程度）的指标

✓ 通过平方计算，使离散程度有效体现

✓ 标准差越大，数据越分散；标准差越小，数据越集中

✓ 通过平均数和标准差，就有可能对数据进行评价

✓ 以标准差为线索，可以推断数据集中在哪个范围

第4章
"传达"清楚，"听"清楚

·····································

　　即便能够进行逻辑思考，如果没有清楚传达给对方，也无法取得成效。因为我们一个人能做的事是有限的，需要他人的协助，在这里需要的是传达的能力和倾听的能力。目前为止，我们主要是以自身的思路为中心来考虑的，到了这一步，就需要在面对他人的时候，动动脑筋。本章将会学习如何善于传达和倾听。

第13讲

从对方的立场考虑信息的传递

沟通时，人们容易想当然地传达只有自己知道的信息。然而，那些不一定是对方想听的事。而且，所谓沟通，传达到位才是意义所在。那么，从对方的立场出发考虑信息传递的话，应该怎么做才好呢？

假如你准备出门去家电超市购买计算机。对同一款计算机，有3名店员进行了介绍。

店员A说："这款计算机，重量是800克，可以待机8小时。"

店员B说："这款计算机，重量很轻，电池电量也很持久。"

店员C说："这款计算机，能轻松携带，也方便在外使用。"

那么，3名店员所传递的信息，有什么不同点呢？

店员A以事实为中心进行了介绍，重量、待机时间是用数字来说明的。

店员B的介绍深入到评价这一步，不仅对事实进行描述，还评价了好坏。具体来说，把"800克"转换成"很轻"，把"8小时"转换成"电量持久"，把事实信息转换成了优缺点的信息。

店员C的介绍比评价更深一步，提及了"对于对方来说的意义"。介绍时把"很轻"换成"能轻松携带"，因为"电量很持久"所以说明"也方便在外使用"，在想象对方的使用场景后予以点评。

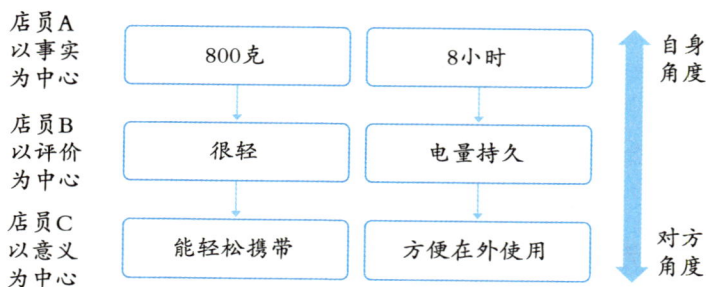

店员A 以事实 为中心	800克	8小时	自身角度
店员B 以评价 为中心	很轻	电量持久	
店员C 以意义 为中心	能轻松携带	方便在外使用	对方角度

店员A、B、C的介绍哪个更好，不同的听者会有不同的感受。总体来讲，沟通中最常出现的，是店员A的模式。

因为传递事实，就是把自己所持有的信息原原本本地传递给他人。另一方面，像店员B或店员C那样，要深入评价或者考虑意义的话，就要以事实为起点，多花一些工夫，扩大思考的范围，否则无法进行评价。

所谓沟通，就是将信息向对方传达到位了，才具有意义。希望大家都能做到，不仅把自己持有的信息传递给他人，并且能转换成对于对方来说有意义的信息。

确定自身想传递的信息以后，可以一人饰演自身和对方两个角色，重复多次进行对话的"传接球"。要点有如下三个：

1. 明确自己想说的事情

2. 站在对方的角度，思考一下如果对方听到上述第1点自己想说的事情，脑海中会浮现什么，想象对方的发问

3. 回到自身的视角，对上述第二点对方脑海中浮现的疑问，思考能够回应的内容

要重复多次这个步骤。我们具体通过刚才的例子来介绍。

1. 自己想说的是，"计算机重800克"

2. 接下来从对方的角度来考虑。在听到"计算机重800克"时，脑海中会浮现什么疑问呢？例如，可以想象到的问题是，"800克是算重的还是轻的呢？"

3. 回到自身的视角。如果要回应上述第二点想

象的疑问，那么就是"计算机很轻（或者很重）"

接下来是第二轮。

    1. 自己想说的是"计算机很轻"

    2. 站在对方的角度，例如，"轻有什么好处？"

    3. 回到自身的视角，"能轻松携带"

像这样，确定自己想传递的信息以后，要认真地思考对方接收到信息以后会有什么感想。

实际上，对于一个发言，从对方的角度能够联想出多个疑问，而且，我们并不清楚在对方的脑海中真正浮现的是什么。

但是，按照这个步骤来回思考，就能降低风险，尽可能避免只站在自身的角度来传递想说的事情。不仅如此，还很有可能转化为对方所关心问题的信息。

自己

800克

対方

800克是轻还是重？

轻

轻有什么好处？

能轻松携带

你是X市旅游局的一员。你正在考虑，为了让更多的旅客到X市来，希望能够宣传"请来X市观光游玩"。然而，"请来X市观光游玩！"是你想说的事情，并不是他人想听的。

请你一人饰演自身和对方两个角色，重复多次进行对话的"传接球"，思考应该向旅客传递的信息。

解 答

例如，可能出现以下的思考过程。

（第一轮）

1. 自己："请来X市观光游玩。"

2. 对方："为什么？"

3. 自己："因为自然环境多姿多彩。"

（第二轮）

1. 自己："自然环境多姿多彩。"

2. 对方："其他地方的自然环境也多姿多彩吧？"

3. 自己："可以同时享受大海和高山的乐趣。"

（第三轮）

1. 自己："可以同时享受大海和高山的乐趣"

2. 对方："可以同时享受两者的乐趣有什么好处？"

3. 自己："不管是喜欢海的人还是喜欢山的人都能得到满足。"

根据X市能够宣传的亮点，实际思考的内容会有所不同，重要的是，不能只传递想说的话。我们要站在对方的角度，持续地思考自己想说的话对于对方来说有什么意义。

自己

请来X市观光游玩

对方

为什么?

自然环境多姿多彩

其他地方的自然环境也多姿多彩吧?

这里可以同时享受大海和高山两种乐趣

可同时享受两种乐趣有什么好处?

喜欢海的人和喜欢山的人都会得到满足

STEP UP!

最后,我们确认一下这个思路的优点。

第一,是目前为止我们尝试做的事。通过尝试从对方的角度,把自己想说的话转化成对于对方来说有意义的信息。

第二,可以检查自己想说的话。针对刚才"对话的传接球的整体情况",对自己传递的信息进行正向深挖,对对方的疑问斟酌疑问的含义。例如,加入以下检查步骤。

（一人分饰两角，让自己和对方进行对话的"传接球"）

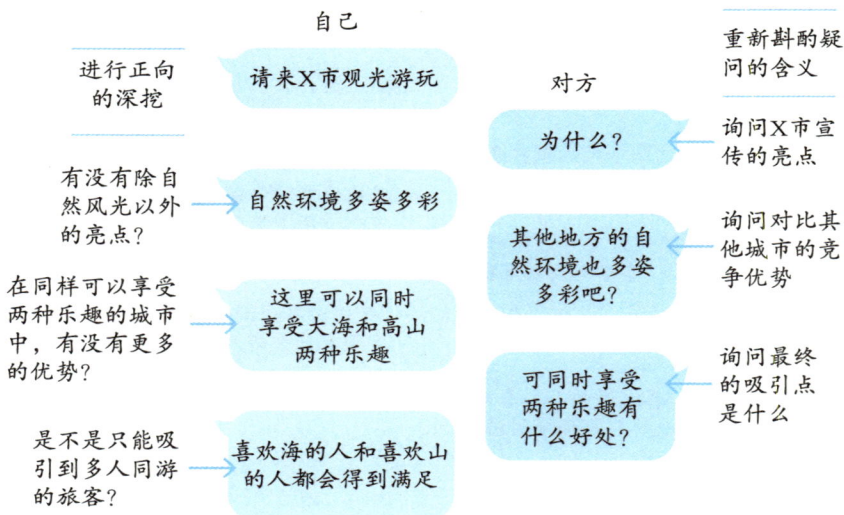

自己

进行正向的深挖

请来X市观光游玩

对方

重新斟酌疑问的含义

为什么？

询问X市宣传的亮点

有没有除自然风光以外的亮点？

自然环境多姿多彩

其他地方的自然环境也多姿多彩吧？

询问对比其他城市的竞争优势

在同样可以享受两种乐趣的城市中，有没有更多的优势？

这里可以同时享受大海和高山两种乐趣

可同时享受两种乐趣有什么好处？

询问最终的吸引点是什么

是不是只能吸引到多人同游的旅客？

喜欢海的人和喜欢山的人都会得到满足

加入了上述的检查步骤后，发现其他必须提前思考的关键点有：

X市的宣传亮点是什么？除自然环境以外还有别的亮点吗？

对比其他城市的差异化要素是什么？X市独有的特征是什么？

"可同时享受两种乐趣"意味着什么？这个信息可以吸引谁来游玩？

这些要素，正是在俯瞰了这个"传接球"的整体情况，并由自己进行检查后，才发现的观点。

第三个优点是，自我学习产生作用，会更有助于下次的思考。事前做好这个"传接球"演练，到真正面对沟通时，不管结果如何，最后都可以进行充分复盘，确认哪些和设想一致，哪些和设想不同。

相反，如果不作任何准备，就去进行沟通的话，会毫无收获。能言善道的人，极少是一开始就那么擅长的，实际上都是通过做这些踏踏实实的准备，积累经验而来。

如果有想要传递的信息，就要思考自己想说的话，对方会如何接收，要站在对方的角度不断思考。这样反复进行思考，是提升沟通能力的捷径。

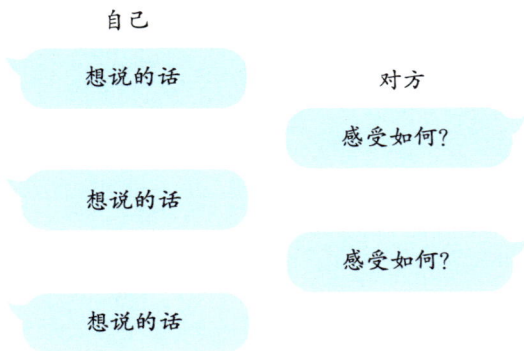

自己

想说的话

对方

感受如何？

想说的话

感受如何？

想说的话

小结

✔ 沟通取决于传达的效果

✔ 不要只想着自己想说的话，必须努力回应对方想听的事情

✔ 一人分饰两角，让自己和对方进行对话的"传接球"

✔ 针对"传接球"的整体情况，加入自我检查，就可以得知其他需要考虑的要素

✔ 按步骤去思考，能够积累学习成效，这会成为提升沟通能力的捷径

清楚自己想说什么

人们往往习惯在他人身上找寻没有传达清楚的原因。然而，实际上有不少时候是因为自身没有清楚理解自己想说什么。那么，我们应该怎样理解自己想说的话呢？

团队需要一位新成员，上司希望你提供人选，你想推荐员工A。你考虑了两种思路，分别是思路1、思路2，说明推荐员工A的主张和证据。

· 思路1

主张："员工A很优秀"

证据："业务知识丰富""沟通能力强"

· 思路2

主张："员工A很优秀"

证据："有业绩成果""风评好"

在思路1、思路2中，主张是相同的，都是"员工A很优秀"，但证据各有不同。我们来思考一下，哪一个证据更好。

思路1的证据提及的信息，都是员工A所拥有的知识或能力。而思路2描述的是作为结果所呈现的现象。更有说服力的其实是思路2。因为人所拥有的知识或能力，只有产出成果才有意义。

重要的是，要明白思路1是以"拥有的知识或能力"为基础去论证的，思路2是以"作为结果呈现的现象"为基础去论证的。

我们要以高视角俯瞰眼前的信息或思考的层次，去认知目前正在思考的内容。

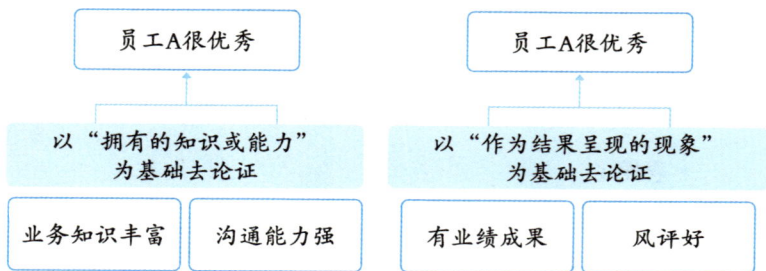

通过俯瞰去认知正在思考的内容，要点有两个。

1. 把主张的内容换成行为进行重新把握

2. 证据的内容，要尝试对想说明的问题贴上标签

1. 把主张的内容换成行为进行重新把握

我们通过具体的例子来介绍。在思考证据的意义之前，首先要把握清楚我们正在主张什么。

你的主张是"员工A很优秀"，在这里需要做的是，重新思考这句话代表了一个什么行为。行为可以从谓语中得知，我们来确认一下哪一个是谓语。

"很优秀"这个谓语，是做出了"优秀"的评价。这样的话，具体凭什么可以评价为优秀，就是在证据里要体现的要素。

2. 证据的内容，要尝试对想说明的问题贴上标签

在思考证据是什么时，可以有意识地尝试为证据贴上标签。

我们尝试为"业务知识丰富""沟通能力强"贴上标签，这些是拥有的知识或能力。同样地，思考一下可以为"有业绩成果""风评好"贴上什么标签。通过梳理发现，这些是作为结果所呈现的现象。

这样我们就可以重新认识到，思路1是用"知识或能

力"的观点来进行评价，思路2是用"作为结果所呈现的现象"来进行评价。自己想说的是什么，通过俯瞰，可以梳理为以下的图示。

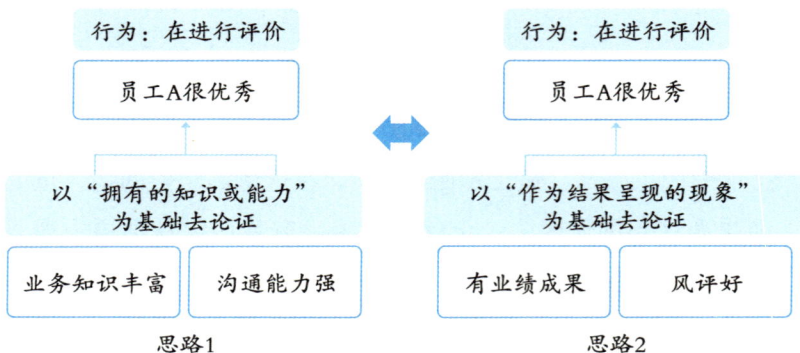

思路1　　　　　思路2

我们来确认一下，能够像这样贴标签、俯瞰审视的话，有什么好处。从结论来说，就是不再需要因为要比较哪个思路更好而苦恼。如果不俯瞰审视，你会苦恼于证据的内容应该选择下面哪个思路。

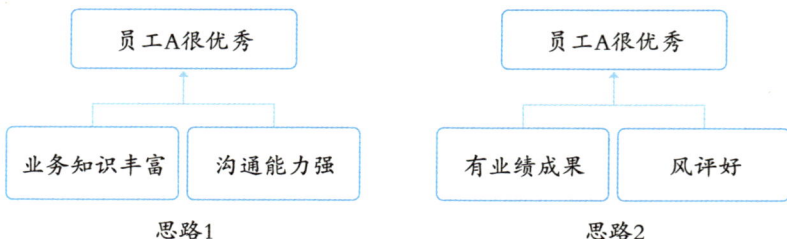

思路1　　　　　思路2

相反，如果能够做到俯瞰审视，就能对行为和标签有所意识，把握清楚自己想说的事。

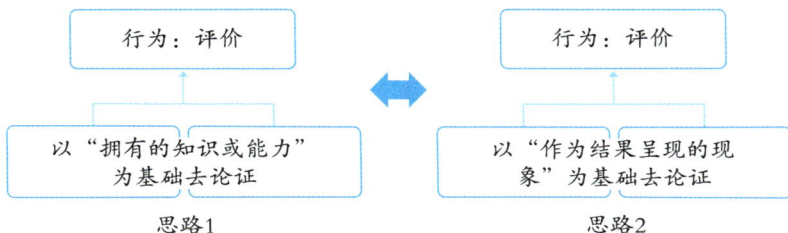

思路1　　　　　　　　思路2

这样的话，我们就能从另一个角度来比较，探讨应该以拥有的知识或能力还是以作为结果呈现的现象作为评价的证据。

建议大家以俯瞰的视角，明确自己的主张和证据，把握好自己想说的话有什么意义。

练习题

你正在考虑团队运营的事宜，想对团队成员提议导入导师制。

对于主张"导入导师制"的证据，你考虑了两套思路。

思路1

证据："容易实施""不需要成本"

思路2

证据："沟通可以更顺畅""可以互相支持"

请思考：

主张是一个什么行为？

思路1、思路2的证据可以贴什么标签？

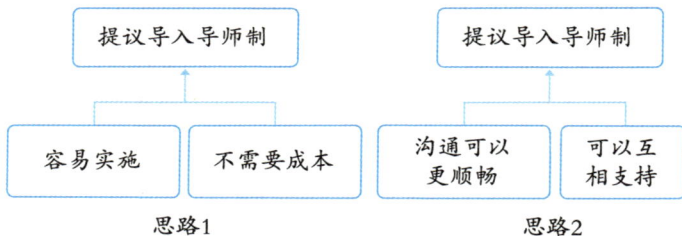

提议导入导师制		提议导入导师制	
容易实施	不需要成本	沟通可以更顺畅	可以互相支持
思路1		思路2	

解 答

1. 把主张的内容换成行为进行重新把握

行为会体现在谓语上。这次的谓语是"提议导入"，说明行为是提案，是在对导师制这种手法进行提案。这样的话，提案的证据，就要能解释这个提案为什么好。

2. 证据的内容，要尝试给想说明的问题贴标签

那么，接下来，我们尝试给证据贴标签。

思路1的"容易实施""不需要成本"是站在这个手法的"实施便利性"的角度做出的评价。

与此相比，思路2的"沟通可以更顺畅""可以互相支持"是在说明这个手法实施之后的效果。

经过梳理得知，行为是"导师制的提案"，对于这个行为，思路1是以该手法的"实施便利性"为中心进行论证，思路2是以该手法的"实施效果"为中心进行论证。

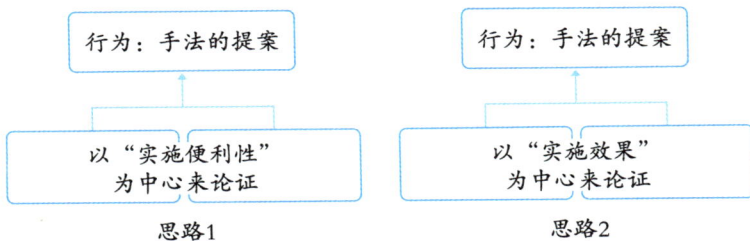

思路1　　　　　　　　思路2

再进一步细说，思路1的提案相当于，"（虽然不知道效果如何）只要想做就能做，所以我们尝试一下吧"。另一方面，思路2的提案相当于，"（肯定）会有好的效果，所以我们尝试一下吧"。

本次的例子，有两种论证的思路。自己想说的事与哪一种思路更贴近，或者说，对方会更容易接受哪一种思路，就选哪种思路。

最后，我们也要意识到，自己想从对方那里得到什么。因为沟通是面向对方，带着目的而进行的一种行为。

在商务情境中，沟通的主要目的大致有"共享""判断／批准""意见／建议""协助"四种。下面我们逐一来确认。

1. 共享

这是想让对方知道，并不是单纯地对对方有所求，重要的是让告知的内容清晰易懂、传达到位。

2. 判断／批准

这是希望对方做出Yes／No的判断，或者予以批准，关键是把"什么是判断的基准""是如何判断出来的"充分地传达给对方。

3. 意见／建议

这是希望对方给予一定的反馈。不能让对方毫无头绪地给出意见，要明确地表达希望对方"关于什么"或者"用怎样的观点"给予意见或建议。

4. 协助

这是希望对方采取某些行动。因为要请对方采取行动，所以首先要最低限度保证传达的内容清晰易懂，让对方理解。在此基础上，重要的是明确地告知对方希望其具体采取什么行动。

要让听者明白，你说的话是想"共享"信息，请他"判断、批准"；还是让他给出"意见、建议"；或者请他"协助"，这点很重要。要注意避免导致对方产生"你说的事情我能听懂，但到底要我做什么"的疑问。

对于要传递给对方的内容，我们要清楚知道自己希望对方做的是什么，同时要连同目的一起与对方进行沟通。

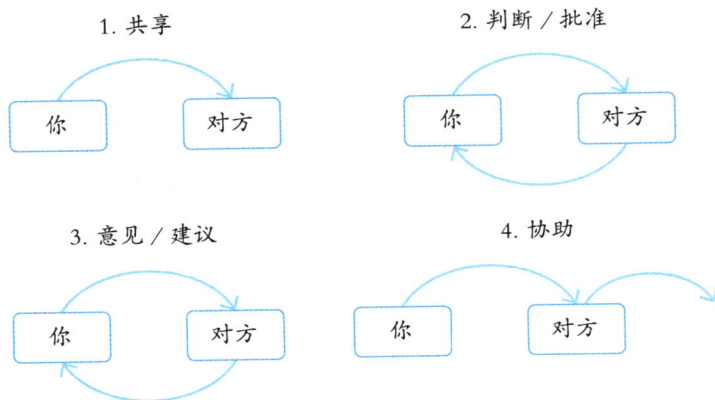

1. 共享

你 → 对方

2. 判断／批准

你 对方

3. 意见／建议

你 对方

4. 协助

你 → 对方

小结

✔ 理解自己想说的话，这点很重要

✔ 把主张换成一种行为来重新理解，对证据贴标签，这样便于自我认知

✔ 通过俯瞰视角，理解自己想说的话

✔ 想传递信息的目的也需要明确

✔ 明确告知对方是想进行"信息共享"，请对方"判断／批准"，还是征求"意见／建议"，或者请求"协助"

第
15
讲

听懂对方的话

　　沟通是双向的，自己想说的话固然重要，而准确地理解对方想说的话也非常重要。其中，关键点是对内容和结构的理解。那么，怎样才能理解内容和结构呢？

　　假设在前段时间，某人在一次对话中说："我觉得体操选手内村会在里约奥运会上表现优异。"

　　我们对这个人的发言按照论点和意见进行划分整理。

　　　论点：正在讲某件事情
　　　意见：对于论点的想法是怎样的

其中一种思路的整理结果如下。

　　　论点：体操选手内村在里约奥运会上是否会表现优异
　　　意见：会表现优异

除此以外，还可以整理出另外两套思路。

论点：谁会在里约奥运会上表现优异
意见：体操选手内村

论点：体操选手内村会在哪届奥运会上表现优异
意见：里约奥运会

如果把论点理解为"体操选手内村在里约奥运会是否会表现优异"，那么意见就是"会表现优异"或者"不会表现优异"。假设认为会表现优异的人和不会表现优异的人进行以下的对话。

认为会表现优异的人：
"他有充分的经验，也进行了充分的训练，应该会表现优异"
认为不会表现优异的人：
"不对不对，即便是这样，但他年纪不小了，而且年轻选手也会崛起，应该很困难"

另外，如果把论点理解为"谁会在里约奥运会上表现优异"，那么大家可能会讨论是"体操选手内村"、"游泳选手萩野"或"乒乓球选手石川"。

如上述例子，针对不同的论点，讨论的意见也会不一样，大家能想象到这种情境吗？因为意见是每个人各自的见解，所以有不同的意见反而是健康的讨论氛围。

作为听者，在这里需要注意的是，要正确理解说话人的发言是针对哪个论点而提出的意见。以上面的例子来说，重要的就是要正确理解，"会表现优异"是意见，还是"选手内村"是意见。

所以，听对方说话的时候，不能只是理解说话人的发言内容，重要的是听的时候同时思考"论点是什么"和"意见是什么"。要点有两个。

1. 对构成句子的要素进行划分

2. 思考能够以这些要素作为回答内容的问句

我们利用上面的例子进行详细说明。

1. 对构成句子的要素进行划分

发言内容是"我觉得体操选手内村会在里约奥运会上表现优异"。对要素进行划分，可以得出"体操选手内村""里约奥运会""表现优异"三个部分。

2. 思考能够以这些要素作为回答内容的问句

划分出三个要素以后，针对每一个要素，思考可能以这个要素作为回答内容的问句。

"体操选手内村"
可能成为回答内容的问句是"谁会在里约奥运会上表现优异"。

"里约奥运会"
可能成为回答内容的问句是"内村会在哪届奥运会上表现优异"。

"表现优异"
可能成为回答内容的问句是"内村在里约奥运会上是否会表现优异"。

这样，就整理出意见和论点了。

一般情况下，人们说话时不会严格区分意见和论点，很多时候会只讲意见。此外，经常会出现一个意见涵盖多个论点的情况。更甚的是，有时候说话者自身还没意识到论点，或者把没梳理好的论点和意见混在一起来发言。

正因如此，我们要记住，不能被发言的内容牵着鼻子走，要意识到并理解这个发言是针对什么论点的意见。

练习题

以下是针对"是否应该召开启动会议"的论点，有人就"最好不要召开"的意见所进行的发言。请思考一下，作为反对的理由，他说了什么事情？论点和意见分别是什么？

"启动会议？开会前的协调、联络这些事情很麻烦，要考虑邀请谁、会议时长、会议地点等。而且，要确定议题，制作资料，这些都需要分工。会议开始之后，以为会有讨论环节，结果只是单方面的报告；被告知可以自由发言，结果发言后却遭到批评；会议开到最后，结果是领导一两句话就下了结论，这些都是有可能发生的。而且，决定的事项如果能执行还好，如果不能执行反而会导致士气下降。所以，不用开了吧？"

　　这个发言由多个句子组成。如果像刚才那样，每一句话都整理论点和意见的话，会得出大量的论点和意见，不太现实。

　　所以，我们在这里尝试根据这个发言的大致主旨，整理论点和意见。

　　首先，尝试思考这个人在这个发言中最想说的话是什么。他提及了各种各样的意见，但他最想说的是："启动会议最好不要召开。"这个意见可能是问句"是否应该召开启动会议"的结论。

　　因此，关于这个发言，可以整理如下。

　　论点：是否应该召开启动会议
　　意见：启动会议最好不要召开

　　这样想的话，虽然他描述了很多内容，但可以理解为那些都是反对召开启动会议的理由。例如，可以梳理为，针对"事前准备是否容易""实施会议是否有用""实施后对工作有无积极作用"这些论点，意见都是"否"。

发言总体
"论点"是否应该召开启动会议
"意见"启动会议最好不要召开

证据1	证据2	证据3
"论点" 准备是否容易 "意见" 很难	"论点" 实施会议是否有用 "意见" 领导一两句话就做 决定，没有意义	"论点" 实施后对工作有 无积极作用 "意见" 会导致士气下降

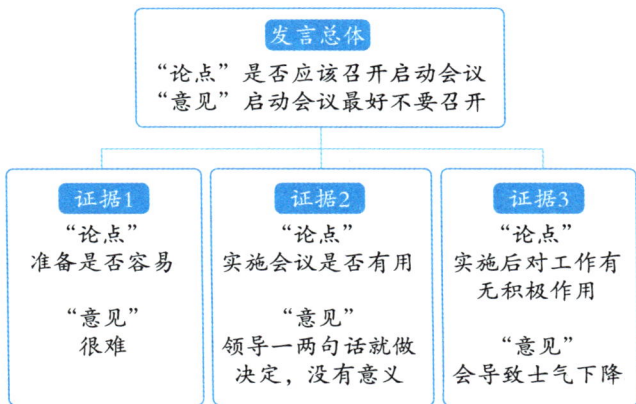

　　到这一步，我们要进行一些整理。如果不是像这样意识到论点和意见，全盘接收发言的所有内容，对发言的理解会变成以下的状态。

　　启动会议？开会前的协调、联络这些事情很麻烦。要考虑邀请谁、会议时长、会议地点……
　　而且，要确定议题，制作资料，这些都需要分工……
　　会议开始之后，以为会有讨论环节，结果只是单方面的报告……
　　被告知可以自由发言，结果发言后却遭到批评……
　　会议开到最后，结果是领导一两句话就下了结论。
　　而且，决定的事项如果能执行还好，如果不能执行反而会导致士气下降……
　　所以，不用开了吧？

另一方面，假设对于"是否应该召开启动会议"的论点，在理解了"启动会议最好不要召开"这个意见的基础上，还整理出针对"事前准备是否容易""实施会议是否有用""实施后对工作有无积极作用"的论点，意见都是"否"的情况，这样就可以运用下图来理解发言内容。

如上述例子，对说话人的发言内容不仅是全听进去，如果能够尝试去理解每一个论点对应的意见是怎样构成的，就可以结构性地整理出发言的内容，这样对发言的理解度就会有飞跃性的提高。

不仅是抓住意见，而且还要抓住论点，虽然难度有点高，但如果坚持这样做的话，必然能够为你蓄力。不仅要对对方的发言内容做出反应，还要把握发言整体的构造。

STEP UP!

接下来就是实战了。如上所述，如果能够对对方的发言形成结构性的理解，在会议上也会发挥作用。例如，对刚才的发言内容可以做出以下点评。

刚才

1. 对于"准备是否容易"的论点，意见是"很难"

2. 对于"实施会议是否有用"的论点，意见是"没什么益处"

3. 对于"对工作有无积极作用"的论点，意见是"没什么积极作用"

但是

1. 对于"准备是否容易"，有没有人提出关于怎么做能够使准备更容易的意见？

2. 对于"实施会议是否有用"，有没有人提出关于怎么做能够使会议更有意义的意见？

3. 对于"对工作有无积极作用"，有没有人提出关于有哪些积极作用的意见？

有些时候会议会直接进行下去，但面对一连串的发言时，很可能会做出的反应是，问大家有没有什么意见。

这样的话，大家会觉得"听的人也不知道说的是什么论点""不知道应该对哪个论点来发表意见"，所以会更难收拾局面。

我们要抓住发言中需要讨论的论点，在现场进行提示。告诉大家要对哪个论点发表意见，这样能使讨论更有效果。

不要只把意见当意见来听，而要把握意见的核心和论点，再厘清它们的结构，虽然这么做难度有点高，但希望大家都能去试试。

小结

✔ 充分理解对方所说的话，实际上这在沟通中很重要
✔ 光就内容去理解内容会很难
✔ 要区分发言内容中的意见和论点
✔ 论点和意见有助于形成结构性理解
✔ 在会议等场合也可以活用

让图表去工作

数字可以转化为图表，而且，经过视觉化的转变之后，信息量会明显增加。也就是说，如果能够充分地运用好图表，那么沟通能力就会有明显提升。那么，具体来说，怎样可以巧妙地让图表去为我们做事呢？

假如明天是月度会议，必须汇报本月的成果。

上个月与本月各商品的销售额如表1所示。根据这个情况，我们尝试制作了三种类型的图表。

表1

	商品A	商品B	商品C	商品D
上月	100	110	120	140
本月	120	130	130	200

（单位：万日元）

图1

（销售额：万日元）

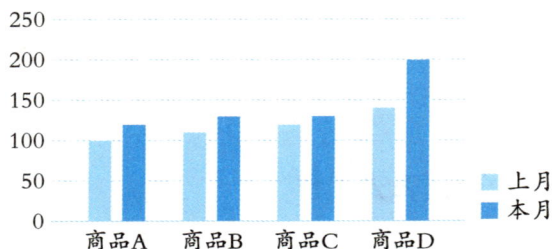

上月
本月

商品A　商品B　商品C　商品D

图2

（销售额：万日元）

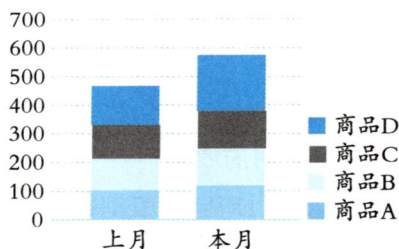

商品D
商品C
商品B
商品A

上月　　本月

图3

（比率：%）

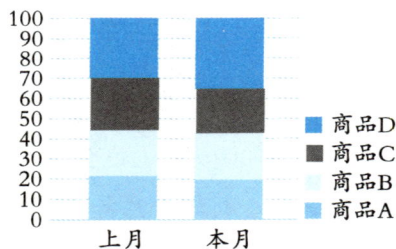

商品D
商品C
商品B
商品A

上月　　本月

通过每一种图表，可以传递什么信息呢？

　　图1可以用于确认每个商品的销售额情况。另一方面，虽然可以确认每个商品的销售额情况，但无法看出整体的情况如何。

　　图2与图1相比，可以看出整体销售额有所增加，情况一目了然。但是，很难看出单个商品的销售情况如何。

　　图3把整体当作100%，用来表示比率。可以得知销售额

构成比如何变化，但不知道整体销售额的变动情况。

如上所示，根据所要传递信息的不同，最适用的图表也会不一样。如果想表示每个商品的情况，可以选用图1；如果想表示整体的销售额情况，可以选用图2；如果想表示销售额构成比的情况，可以选用图3。制作图表时，有以下三个要点。

1. 明确想要表达的内容是什么

2. 思考哪一种图表能够准确表达其内容

3. 尝试把想表达的内容加入图表

1. 明确想要表达的内容是什么

表1

	商品A	商品B	商品C	商品D
上月	100	110	120	140
本月	120	130	130	200

（单位：万日元）

我们使用图表来向对方传达信息，想传达的信息当然是要体现出来的。对想传达的信息要有清晰的想法，这很重要。

一开始就要先明确，想表达的是商品A、B、C、D的销量对比上个月都没有下降，销售额都有所增加；还是虽然构成比有变化，但整体的销售额有所增加，或是销售额构成比有变化，商品D的比率有所增加。

2. 思考哪一种图表能够准确表达其内容

请大家思考一下：

商品A、B、C、D的销量对比上个月都没有下降，销售额都有所增加。

虽然构成比有变化，但整体的销售额有所增加。

销售额构成比有变化，商品D的比率有所增加。

这三个信息，分别用哪一种图表能够准确地表达其内容呢？

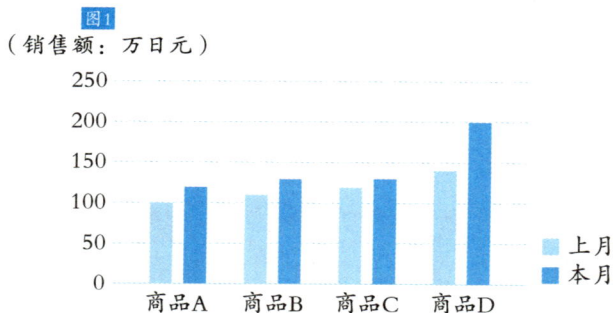

图1
（销售额：万日元）

图2
（销售额：万日元）

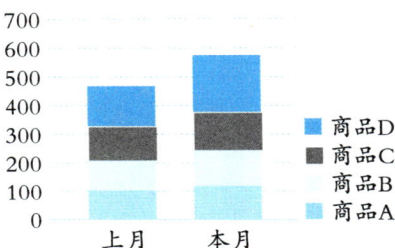

图3
（比率：%）

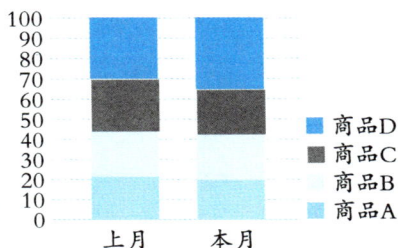

如果要表达：

商品A、B、C、D的销量对比上个月都没有下降，销售额都有所增加的意思，可以使用以商品A、B、C、D单独的数据进行比较的图1。

如果要表达：

虽然构成比有变化，但整体的销售额有所增加的意思，可以使用能充分表示整体销售额的图2。

如果要表达：

销售额构成比有变化，商品D的比率有所增加的意思，就要选择换算成比率的图3。

如果要强调"商品A、B、C的增减变化不大，只有商品D有大幅度增加"的情况，也可以聚焦于增减额，转化成以下的图表。

本月的销售额−上月的销售额
（万日元）

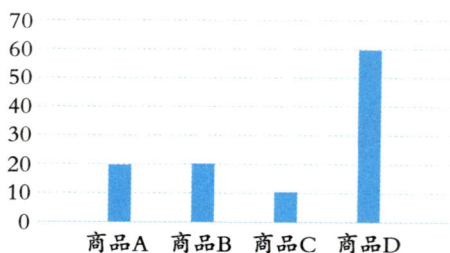

3. 尝试把想表达的内容加入图表

最后作为检查的环节，在图表内加入自己想传达的信息，然后用一两秒看看图表，确认是否能够协调地从视觉上表达出自己的意思，这样就可以了。

图1 所有的商品销售额均有增加
（销售额：万日元）

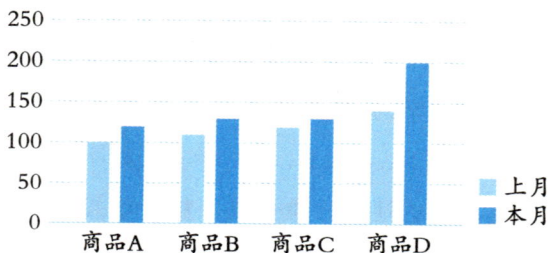

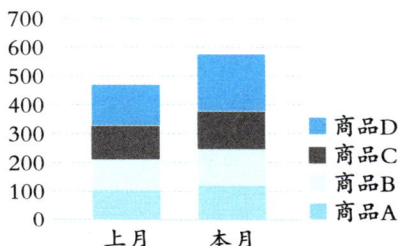

图2 本月的销售额超过上个月
（销售额：万日元）

商品D
商品C
商品B
商品A

上月　本月

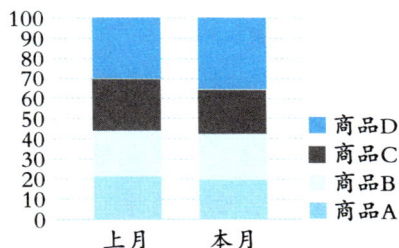

图3 商品D的构成比有所增加
（比率：%）

商品D
商品C
商品B
商品A

上月　本月

如果发现想表达的信息与图表之间存在不协调的情况，要么是想表达的信息有误，要么就是图表出错了。

不过即使有些偏差，读取信息仍然是可能的，所以不算是致命的问题。但是，清晰易懂的资料或者说明介绍，实际上会对信息以及图示进行充分整合。细节也需要注意，这点很重要。

以下是最近5年的销售额。

2015年	2016年	2017年	2018年	2019年
1000	1020	1030	1050	1100

（单位：万日元）

　　从数据得知，虽然每年的变化情况不尽相同，但销售额在切实地增长。为了能够简易地说明销售额连续5年有所增长，尝试制作了两个图表。哪个图表更好呢？

销售额连续5年增长
（销售额：万日元）

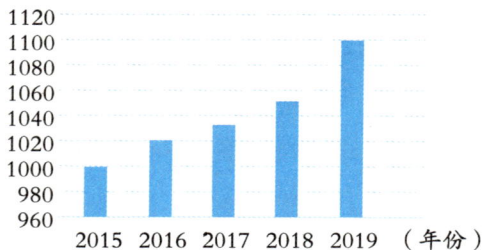

2015　2016　2017　2018　2019　（年份）

178

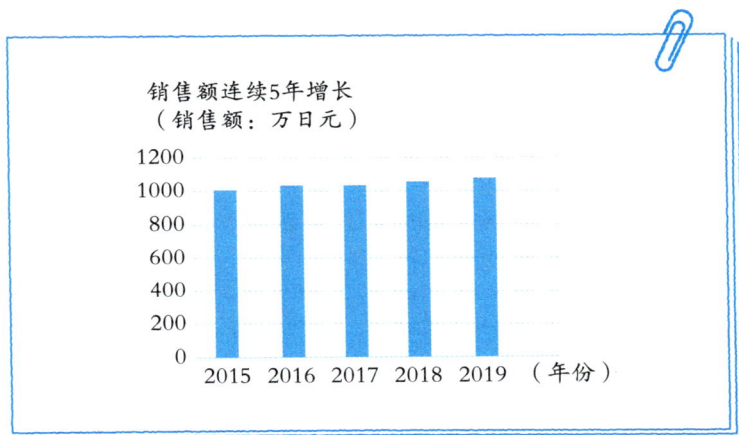

销售额连续5年增长
（销售额：万日元）

解　答

　　检查的关键点是，信息与图表是否非常协调，一两秒就能读懂内容。从这个意义上说，上页最下边表能够很协调地表达出销售额增长的信息。

　　但是，有一点必须注意，就是纵轴的最小值不是"0"。如果像本页上方表一样，准确地把"0"作为基准点，那么看起来就会感觉没怎么增长。在这种时候，为了强调变化，常用的手法是把数轴的最小值进行修正。

　　这种方法虽然可以简易地传达信息，但需要注意的是，这样会无法得知数据全貌。另外，哪怕变化再小，都可以通过对数轴的起点和纵轴的间隔进行调整，使变化量看起来更大。

　　大家在制作图表时，请留意以下两点。

　　·进行强调以后，是否会引起误解
　　·数据全貌是否可以通过某种方式来表现

　　此外，在看图表时，还有以下两个注意点。

　　·纵轴的原点是多少，是不是"0"
　　·是否表现成夸大的信息

　　关于图表的运用，最后介绍一下使用左右两个数轴的方法。以"0"为起点，表现数据全貌的同时，也可以体现变化。为了做到这一点，需要在变化的表达方面下工夫。例如，把2015年的数据当作100，计算出每一年的比率。

	2015年	2016年	2017年	2018年	2019年
销售额	1000	1020	1030	1050	1100
比率	100	102	103	105	110

（单位：万日元）

　　然后，把这两项数值转化为图表。

（销售额：万日元）

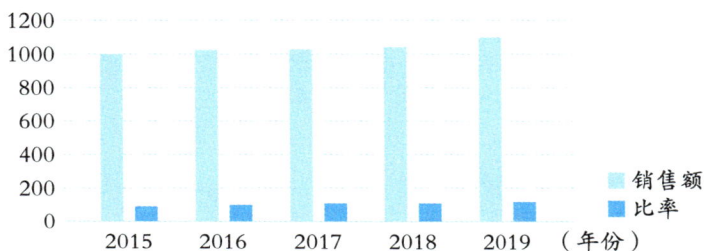

然而，在这个图表中，比率的数据与销售额的数据相比数值很小，难以显示清楚。在这种情况下，可以使用右侧的数轴显示比率，转化成以下的图表。

销售额连续5年增长

（销售额：万日元）

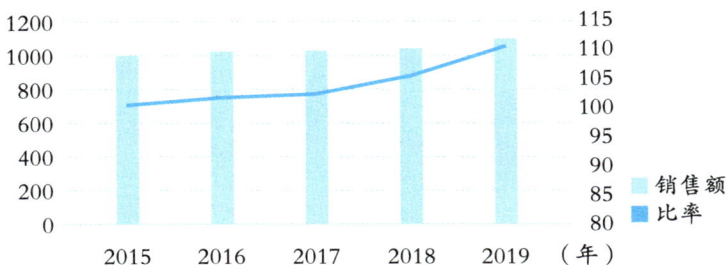

整体销售额得以完整且准确地体现。而且，通过使用右侧数轴，并且用折线表示比率的数据，原本只用实数表示时难以看清的变化情况也能体现出来了。

使用左右两个数轴的话，表现的空间更广，大家可以记住这种方法。

最后，我们梳理一下图表本身的特征。

● **饼图和条形图（横向）**

饼图为大众所熟悉，但在商务环境中，除表示占比以外，几乎不怎么使用。这是因为，如果不能准确知道扇形的角度，就只能凭感觉进行解释。

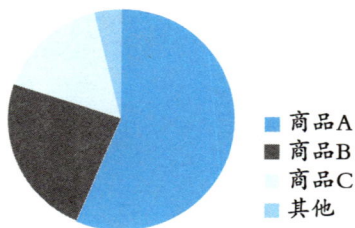

- 商品A
- 商品B
- 商品C
- 其他

此外，有时也难以进行比较。例如，想要比较去年和今年的商品占比变化时，只能看到大小的差异。

去年的各商品占比 今年的各商品占比

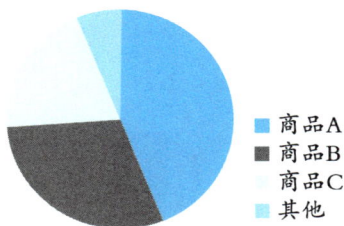

- 商品A
- 商品B
- 商品C
- 其他

　　同样是要进行商品占比的比较，如果使用如下的横向条形图，就会表达得更清晰。

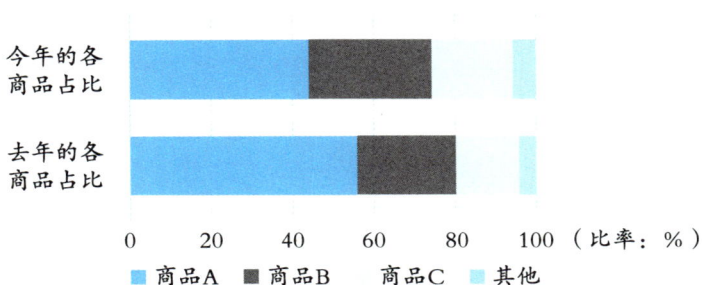

今年的各
商品占比

去年的各
商品占比

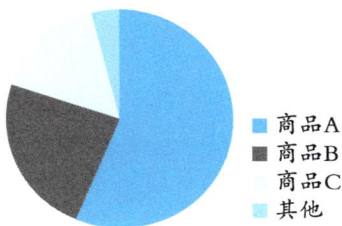

0　　20　　40　　60　　80　　100　（比率：％）
■ 商品A　■ 商品B　　商品C　■ 其他

● 柱状图（纵向）与柱状图（横向）

　　横轴是时间，可以积极地使用纵向图表。按照商务惯例，很多时候都是这样表示。相反，除时间轴以外的信息，可以积极地采用横向图表来表示。要对各个要素进行比较时，例如商品、人物等，可以使用横向的柱状图。

表示时间轴的信息时，左图更佳。

（销售额：万日元）

（年份）

（年份）

（销售额：万日元）

表示各要素的信息时，两者都可以，如果可以用横向表示就用横向的。

（销售额：万日元）

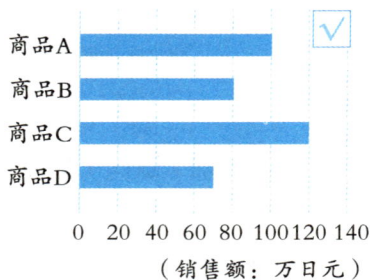

（销售额：万日元）

● 柱状图（纵向）和折线图

纵向的柱状图与折线图的用途相近，可以根据以下的条件区分使用。

柱状图（纵向）

·横轴的项目独立性较高时（如果用线来连接
会显得不协调）

·每个值都有其意义时

另外，在表示各要素的信息时，由于缺乏连续性，最好
避免使用折线图。

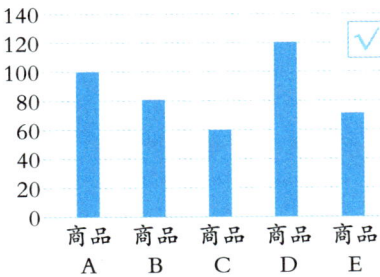

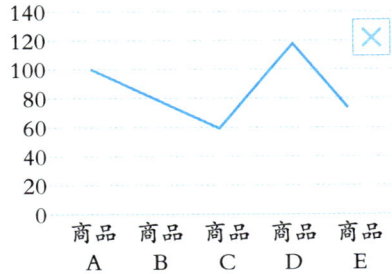

折线图

·横轴是时间，项目数较多，并且趋势中含有
一定意义时

·项目之间用线连接后，在连续性上没有不协
调的情况时

·想营造变化的趋势时

（销售额：万日元）

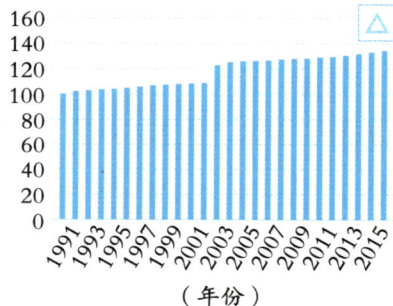

（销售额：万日元）

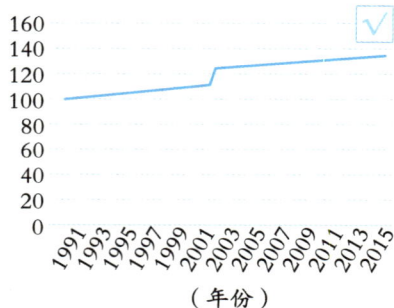

小结

✓ 数字的优点可以通过视觉化来表示，要积极地使用图表

✓ 认真思考，图表是否准确地表达出想传达的内容了

✓ 原点"0"很重要，不能因为想展示某些信息而过于强调

✓ 使用两个数轴可以使表现的空间更广

✓ 每种类型的图表都有长处，要学会灵活运用各种图表

第5章
让计算机成为你的伙伴

. . . .

　　有逻辑地思考，实际上是计算机的强项。既然如此，那么把计算机擅长的逻辑思考交给计算机去做，显然是上策。此外，随着AI的普及，运用环境也比从前有了优化。另一方面，要巧妙地使计算机成为我们的好搭档，对计算机和对人的方法又是不一样的。本章将会学习让计算机成为我们强有力的"伙伴"所必需的基础知识。

第17讲 学会程序化

要对计算机发出指令，就要通过程序算法，对想要得到的结果，设定每一步的操作步骤来实现。换句话说，如果具备程序化的技巧，就可能积极地调动计算机的力量。那么，应该怎样进行程序化呢？

我们以常见的自动售卖机为例，说明一下程序算法是什么，以及如何拟定程序算法。

首先，按照我们平时使用自动售卖机的基本流程，尝试设定大致的步骤。"付款、点击按钮、取得商品"，可以表示为下图。

开始 → 付款 → 点击按钮 → 取得商品 → 结束

以上是基本的流程，但这是使用者的操作步骤。自动售卖机的程序算法，需要以自动售卖机的角度来设定。下图是从自动售卖机的角度设定的程序，（1）和（2）应该填入什么呢？菱形框表示条件判断。条件判断的内容为"是"的，就沿着"是"的箭头走，条件判断的内容为"否"的，就沿着"否"的箭头走。

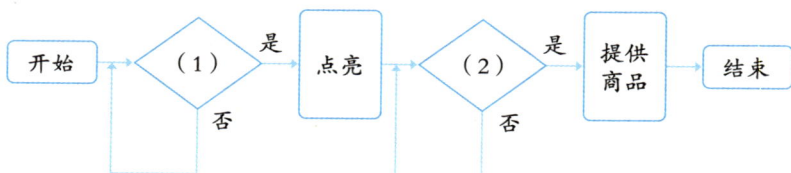

（1）是开始之后最初的动作。如果没有收款，自动售卖机不会开始运作，所以可以推测是"是否已收款"。

（2）是连接"亮灯"和"提供商品"的条件。提供商品的触发条件是"是否已被点击按钮"。

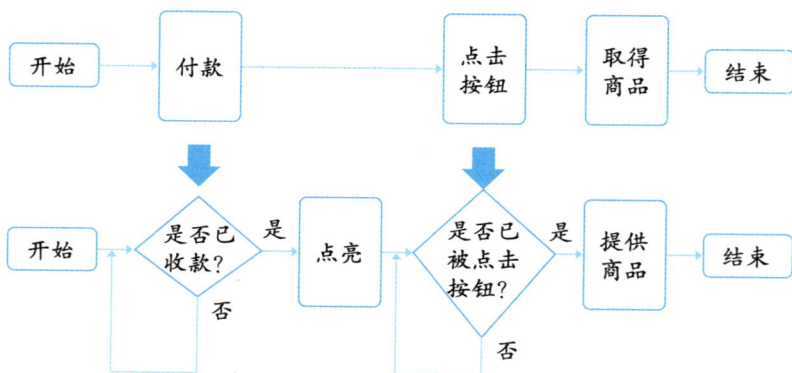

这样，就从自动售卖机的角度拟定出了程序算法。从人的操作步骤到自动售卖机的程序算法，可以发现人的行动对于自动售卖机来说成了条件。

以上已经拟出大致的流程，实际的程序算法会更为复杂一些。

接下来我们进一步细化。请思考一下，下图的（3）可以填入什么？

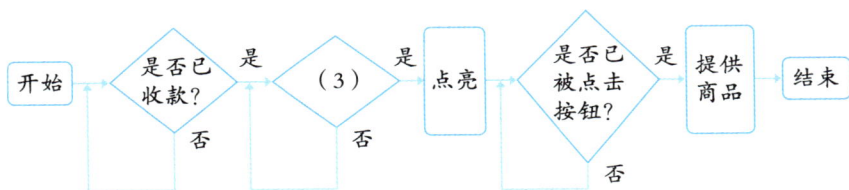

（3）是判断"是否已收款"的下一步，所以是"已收到了款项"的状态。另外，再下一步是"亮灯"，所以要考虑连接"付款"和"亮灯"的条件。"付款"和"亮灯"之间，有什么是必须确认的呢？或者说，"付款之后没有亮灯的情况"在什么时候会发生呢？

判断亮灯的条件是，"收款是否足额"。

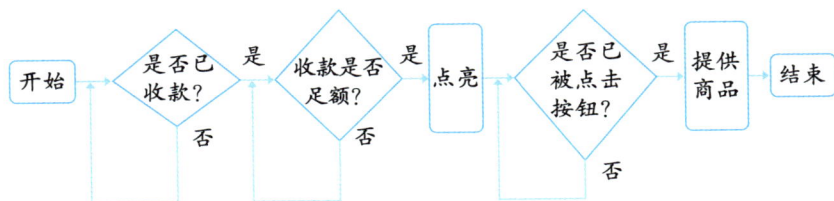

我们总结一下目前已经进行的步骤。拟定程序算法大体有两个要点。

1. 简单地拟出核心算法

2. 进一步添加附带条件等

1. 简单地拟出核心算法

首先，把基本的流程归纳成操作步骤。把实际使用自动售卖机时的具体环节归纳为标准的流程并按顺序排列出来。

关键点是，不要混淆主语。如果站在使用者的立场来考虑，自始至终都要从使用者的角度来拟定。由于最终是要从自动售卖机的角度拟出程序算法，所以已经习惯程序算法的人也可以直接从自动售卖机的角度来考虑（最终要输出的程序算法）。

另一方面，也可以像本次说明的一样，在习惯程序算法前，可以先从使用者的角度考虑流程，然后再从自动售卖机的角度拟定程序算法。

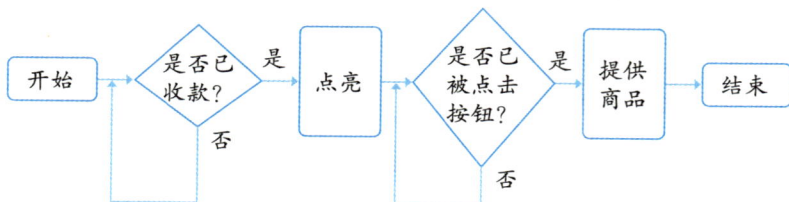

2. 进一步添加附带条件等

敲定基本的步骤以后，接下来就要考虑附带条件。

同时考虑基本步骤和附带条件也可以，但要先习惯这种思维。此外，附带条件如果要琢磨的话，会有非常详细的内容，所以建议大家分两步进行，先拟定好基本的步骤，再考虑附带条件。

下面具体介绍拟定附带条件的思路。要用以下准则进行检查：当条件被满足时，前进到下一步的行动有没有问题。

以这次的例子来说，有两个地方需要检查。

一个是收款之后，是否可以亮灯；另一个是被点击按钮之后，是否可以提供商品。

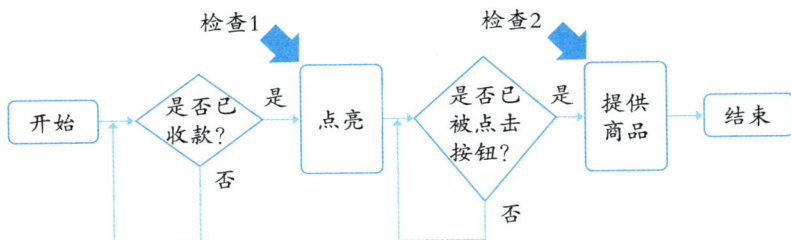

关于检查1，刚才进行了说明。因为可能会发生使用者付款不足额的情况，所以可以增加"收款是否足额"作为附带条件。

关于检查2，我们也来思考一下。

尝试考虑"点击按钮之后就提供商品是否可以",或者"是否存在点击按钮之后仍然不提供商品"的情况。

例如在商品售罄等情况下,想提供商品也无法提供。不过,这种情况本来就应该设置为无法亮灯。关于亮灯的按钮被点击的情况,似乎不用特别增加附带条件。

这样,程序算法就拟好了。

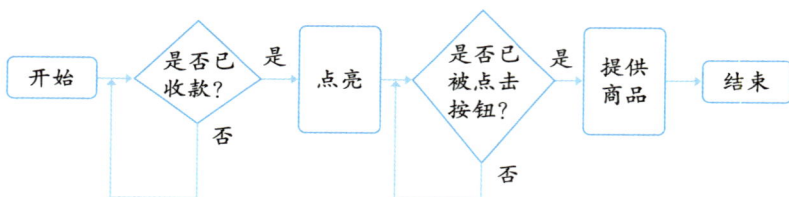

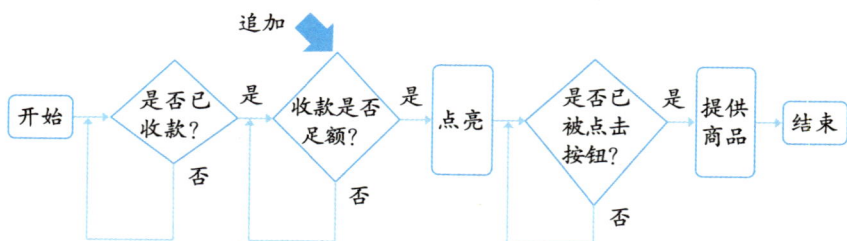

我们继续来思考附带条件的情况。刚才对于"是"的情况已经考虑了附带条件，而"否"的情况下的附带条件也要提前考虑好。括号里面应该填入什么内容（是相同的内容）？

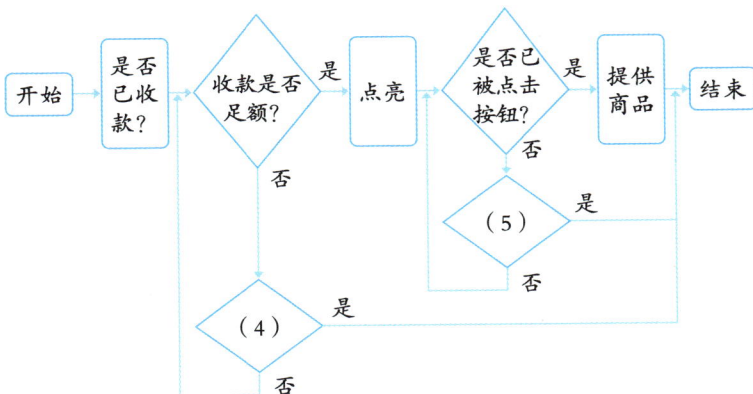

解　答

大家尝试考虑一下通过怎样的流程会进入菱形的状态。我们知道存在"付款不足额"，或者虽然亮灯了但是"按钮没有被点击"这种情况。同时，从流程图来看，在这个条件下如果判断为"是"，就会在不提供商品的情况下结束流程。

　　从自动售卖机的角度考虑的话，知道有人可能会购买，但如果是（4）的话，就意味着销售条件不完整；如果是（5）的话，就意味着无法进行商品的选择，这样就需要在某一个时间点放弃提供商品。"商品提供被取消"的触发条件是时间，需要考虑几秒比较合适，例如要拟定逻辑，判断"是否经过了15秒"。

STEP UP!

　　我们看到，如果要给计算机发送指令的话，就要拟定程序算法。刚才是以自动售卖机为例进行的说明，实际上商品售罄时的处理、找零钱不够时的处理等，都是需要作为附带条件添加上去的，这就会更为复杂了。

随便找一个自动售卖机来看，它的内部都是由这样步骤分明的程序算法来驱动的。如果没有这个程序算法，自动售卖机就不能运作。

可能有些人会觉得因为有了AI，所以工作全部交给AI就行，但如果它的末端没有进行这种程度的步骤划分并拟出程序算法，计算机也无法运转起来。

另一方面，如果能够做到分步骤并拟出程序算法，就可以借助计算机的力量。今后，越了解程序算法，就越能活用计算机，这会成为差异化的能力。

"被计算机抢去工作"的话题经常被讨论，如果是能够分步骤完成的作业，就很容易被替代。这些范畴的工作，其实应该积极地交给计算机去做。

相反，难以运用程序算法的事情，可能更应该让人去积极地参与，具体如下：

· 步骤较多的事情
· 会发生步骤交替的事情
· 判断基准有多个的事情
· 判断基准本身不明确的事情
· 需要依靠感觉或经验的事情

然而，那些很难的事，例如，需要依靠感觉或经验的事情，一旦能够分步骤并拟出程序算法，可以说从那个瞬间开始，计算机就能成为我们的伙伴。

我们能够在多大程度上依赖计算机进行工作，这是一个需要具体情况具体分析的重要课题。但是，这肯定会成为今后的关键技能，所以建议大家能够对它有基本的理解。

小结

- ✔ 程序算法的关键是程序化
- ✔ 拟定程序算法时，不能混淆立场（主语）
- ✔ 归纳基本流程，然后添加附带条件
- ✔ 如果能够实现程序化，就可以借助计算机的力量
- ✔ 程序化很难的事情更有可能带来机遇

学会量化

　　计算机是一种计算机器，可以用于处理数据，无法量化的事物就不能用计算机来处理。因此，跟程序算法一样，发出指令的人也需要比以前更懂得进行量化。那么，应该怎样去进行量化呢？

　　现在需要设定一个能让机器人过马路的程序算法。算法的出发点设定为：判断能否过马路。

　　要思考如何判断能否过马路的话，需要考虑两点，"需要获得什么信息"和"如何进行量化"。

　　首先，思考一下"需要获得什么信息"。我们列举出所需的信息，需要走过的马路的距离应该是必要的。另外，过马路的前提是需要有信号灯的信息。

　　除此以外，过马路还与路面的情况相关，也需要知道天气的信息。此外，是否有车或有人，要过马路的人的密集程度等，似乎都需要考虑。

　　现在我们已经列举出道路的宽度、信号灯的信息、路面的情况、天气、是否有车或人、人流密集程度等必要的信息。

　　接下来尝试思考，这些信息能够怎么量化？首先，我们想一想道路的宽度，要怎样量化呢？

　　肉眼就能够大致判别，但机器人无法以人的判断方式来判断。虽然不清楚道路实际的构造，但大体来说有两个方法。

　　一种方法是事前存入数据，即提前把道路的宽度作为数据保存在机器人里面。另外，也可以通过GPS等方式辨识现时的所在地，结合这些信息去识别道路的宽度。

　　另一种可以考虑的方法是，每次进行测量。虽然机器人视觉功能的水平有所不同，但应该可以通过用摄像头拍下道路的照片，利用图像识别技术计算出距离。当然，这需要同时具备能够通过图像信息测算距离的程序。如果能够对马路的黑白条纹进行计数，也可以通过这个数字测算出距离。又或者，可能还有通过发出电波或超声波，根据接收反射波的时间算出距离等手法。

　　如上所述，即便是能够找出所需的各个要素的信息，在此基础上还要思考对这些信息如何进行量化。我们梳理一下到目前为止所了解的内容。

1. 找出所有必要的信息（对象）

2. 思考能够对每个信息进行量化的方法

1. 找出所有必要的信息（对象）

计算机本身是不知道应该参照哪个信息的，因此，要仔细罗列出人是通过什么信息进行判断的。

反过来说，在这一步如果有些要素没被罗列出来，就难以让计算机为我们做事了。也就是说，关键在于人所凭借的感觉或经验能否作为信息具体表现出来。

2. 思考能够对每个信息进行量化的方法

对罗列出来的每个信息，要思考如何进行具体的数值化。流程如刚才的例子，有两种方向，即一开始就存入数据，或者每次都进行测量。

后者有可能随着传感器技术的发展而进一步进化。

对于道路的宽度，人看一眼就能大致估算，但如果给计算机的指令是"请看看然后尝试判断能否过马路……"，计算机是无法运作的，指令要详细到具体是看什么、如何去判断的程度。

接下来，我们思考一下信号灯的问题。请思考，对于那种不显示剩余时间的信号灯，怎样做才能知道绿灯剩余几秒呢？获得哪些信息会有帮助呢？另外，那些信息可以怎样进行量化呢？

解 答

要把绿灯的剩余时间进行量化，实际上很难。能有所帮助的是，参考人是怎样进行判断的。那么，我们是怎样判断的？

一方面，"有多少人在过马路"似乎可以作为判断材料。如果有很多人在过马路，那么可以推测是刚刚变为绿灯；如果有不少人在快速赶着过马路，那么应该可以判断快要变成红灯了。

另外，也可以用同样的思路，确认一下与马路交叉侧的道路交通状况。交叉侧的道路是红灯、车刚停下来，还是可能马上变成绿灯的情况，也可以根据这些信息进行综合判断。

如上所述，我们可以想象通过瞬时取得各种信息来进行判断，但要把这些信息转为数据，则是难度非常高的事。

还有，在没有人的情况下应该如何判断，这还需要另外考虑。必须给这个"综合判断"分步骤，这正是信号灯剩余时间量化的难点所在。

另一方面，如果是以保证能够过马路为目的，虽然需要花点时间，但如果按照以下的步骤操作，就可以进行判断。

    1.一开始，刚刚到达斑马线时，即使是绿灯也不过马路

    2.下一次绿灯还是不过马路，而是测量绿灯有几秒

    3.通过第2步知道了绿灯的持续时间，再结合道路的宽度和自身的步行速度判断，如果能在绿灯持续时间内过完马路，那就过马路

STEP UP!

道路的宽度、信号灯的信息、路面的情况、天气、有没有车或人、人流密集程度等，在这些最开始罗列出来的信息中，我们已经选了道路的宽度、信号灯的信息来思考量化的

方向性，而事实上其他信息也是需要量化的。

现在尝试具体考虑路面的情况。假设分为结冰、有积雪、有积水、一般情况四种状态。那么请思考一下要判断"结冰"的话，需要哪些信息？路面的温度、水量、摩擦系数等可以作为备选信息。另外，还有一个需要提前定义的是基准。在获得数据之后，根据什么来判断是结冰状态，这就需要提前制定基准值。

关于有没有车或人，单单判断有或没有，是没有意义的。在很远的地方有车或有人，与过马路没有关系；远距离的车或者人，也关系不大。至少要对距离和方向（向哪个方向前进）进行量化。而且，对于数量也要有所斟酌，因为在车或人的数量不同的情况下，判断也会发生变化。

大家要知道，像这样仅仅是想让机器人过马路，也需要各种各样的信息。而且，信息如何获取、如何计算，实际上都需要进行恰当的设计。

光是让机器人过马路，就需要考量这么多的问题。如果是自动驾驶，其复杂程度和难度肯定高得多。而事实上，这种难度高又复杂的事情，正逐步被应用到实际生活中。

这种量化的思路，将会成为今后迈进新世界的基础，大家一定要掌握好。

小结

- ✔ 计算机需要数据
- ✔ 无法数据化的事情，就借助不了计算机的力量
- ✔ 要点是信息的全面罗列以及具体的量化方法
- ✔ 细致罗列出人的思考方法是关键
- ✔ 现在能否在这个时代立足，就取决于能否进行量化

掌握相关性

相关性是计算机擅长的范畴。此外，因AI而成为主流的机器学习，其框架背后也蕴藏着相关性的思路。今后，能够理解相关性会变得越来越重要。那么，"相关性"是什么？应该怎么运用呢？

假如你在人才开发部工作，现在需要考虑今后的研修事宜。首先，你为了从日前进行的公司内部能力测试结果中，找出逻辑思考能力和沟通能力的相关性，制作了散点图（横轴是逻辑思考能力的分数，纵轴是沟通能力的分数）。

A、B、C、D中的哪一个图可以推断出逻辑思考能力越高，沟通能力就越高呢？A、B、C、D中的哪一个图可以说明逻辑思考能力与沟通能力没什么关系呢？

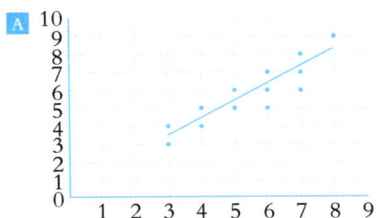

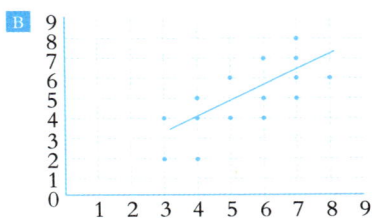

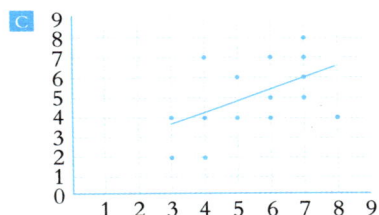

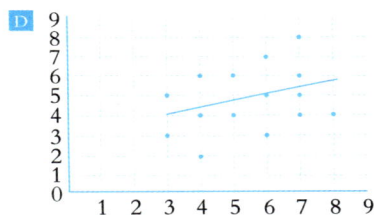

如果逻辑思考能力与沟通能力有相关性，那么逻辑思考能力提升的话，沟通能力也会提升；反之，逻辑思考能力降低的话，沟通能力也降低。也就是说，图表会呈现出数据分布朝右方上扬的现象。

数据分布朝右方上扬而且数据比较均衡集中的是图A，图A可以说明逻辑思考能力与沟通能力之间存在相关性。图B的数据也是朝右方上扬，但与图A相比，数据稍微分散。

而图D整体的数据比较分散，有逻辑思考能力高但是沟通能力低的人，也有沟通能力高但是逻辑思考能力低的人，可以初步认为逻辑思考能力和沟通能力之间没什么关系。图C与图D相比，也能够看出数据分布稍微朝右方上扬，但趋势与图A、图B相比稍微偏弱。

现在先说明一下相关性。如果某个要素X发生变化时，另一个要素Y也随着X的变化而发生变化，我们就说这两个要素有相关性。

如果随着X的增加，Y也增加的话，就叫正相关；如果随着X的增加，Y减少的话，就叫负相关。

如果逻辑思考能力与沟通能力有相关性，就意味着会呈现出逻辑思考能力高的人沟通能力也高的趋势。

判断有无相关性的指标叫作相关系数（用R来表示），根据相关系数的不同，可以做出以下的解释（正相关的情况）。

· 0.9及以上　有非常强的相关性

· 0.7～0.9　有强相关性

· 0.5～0.7　有相关性

· 0.3～0.5　有弱相关性

· 不到0.3　没有相关性

上述图A至图D的散点图的情况是，相关系数分别为0.9、0.7、0.5、0.3，图A有非常强的相关性，图B有强相关性，图C有相关性，图D有弱相关性。

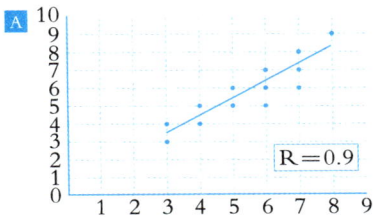

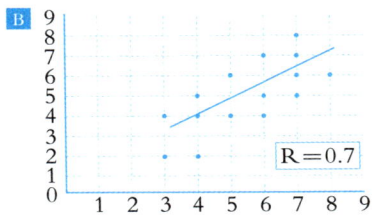

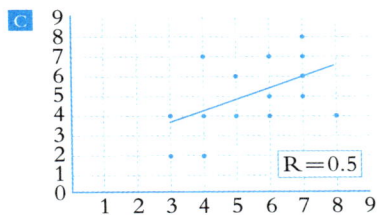

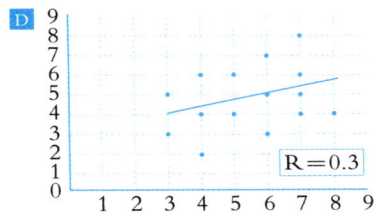

相关系数通过计算软件可以直接计算出来，但是请务必遵循以下2个要点。

1. 描绘散点图

2. 在此基础上，计算相关系数

1. 描绘散点图

请在计算相关系数之前，先描绘散点图。通过视觉能够获得的信息量是极大的，建议大家通过观察去了解数据的分布趋势。要确认是"朝右方上扬"还是"朝右方下降"，或者"是否不均衡"。

此外，有时候数据还会分布成几个组。这些情况如果只看相关系数的数值是无法判断的。

2. 在此基础上，计算相关系数

通过散点图知道了趋势之后，请务必确认相关系数的数值。

以下的两个散点图，相关系数都是"0.5"，但它们分布的情况有所不同。

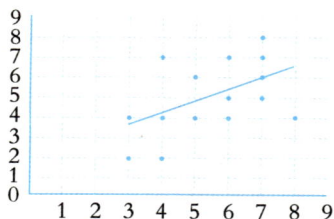

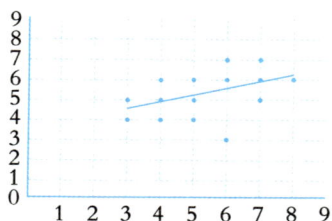

现在要确认店铺的工作人员人数与销售额（每家店）是否存在相关性。

X轴是店铺工作人员的人数，Y轴是每家店每月的销售额（单位：百万日元）。请思考，根据以下的散点图，可以如何进行解释？

（销售额）

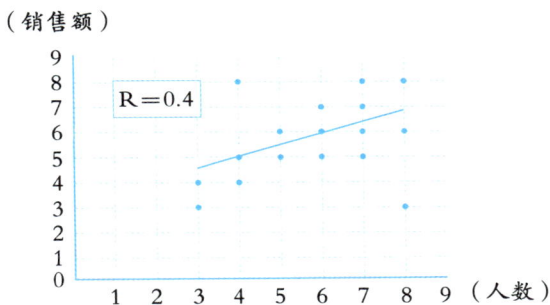

解　答

从散点图来看，可以看出数据分布朝右上扬的趋势，但是不明显。另外，相关系数是0.4，也不是一个高的数值。因此，可以解释为，工作人员的人数与销售额没有太大的相关性，工作人员的人数多，销售额也不一定高。

那么，如果是下图的话，可以怎样解释呢？

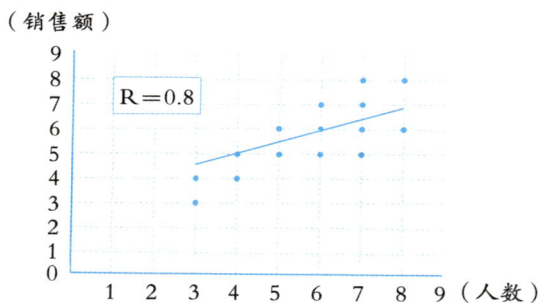

（销售额）

R＝0.8

（人数）

解　答

这个图表的数据分布呈现朝右方上扬的趋势，相关系数是0.8，是较高的数值。因此，可以解释为，如果店铺工作人员的人数多，销售额就会提升。

其实刚才确认的两个图表，原始数据是相同的，不同的是有没有纳入以下这两个数据。

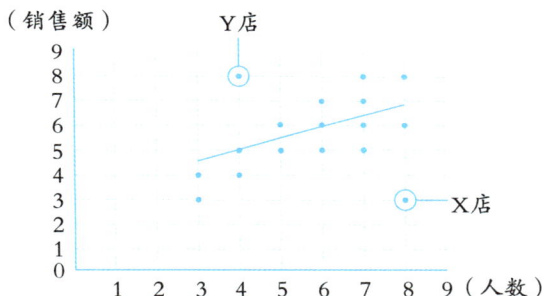

即店铺工作人员的人数多，销售额却不高的X店；以及店铺工作人员的人数少，但销售额却很高的Y店。

把这两家店作为离群点从数据中剔除的话，就可以认为整体的趋势是工作人员人数与销售额有相关性。

这样的话，接下来要思考的就是，把这两家店作为离群点与其他数据分开来看是否合适。

那么，我们试想一下，在怎样的情况下会出现人数多但销售额不高（X店），以及人数少但销售额较高（Y店）的情况呢？

（X店）

团队合作不佳

店长刚刚变更，经营方针落实得不彻底

虽然人数多，但有几个人实质上并没有在工作等

（Y店）

人数虽然少，但其中有经验的人较多，接待顾客的技巧非常高

得益于店长的经营技巧，下了一些有别于其他店铺的功夫

有地方优势，如顾客流量高等

造成与其他店铺情况不同的趋势，可能存在多个原因。如果对刚才罗列出来的可能性进行充分验证后，发现确实存在上述某些情况，就可以把X店和Y店作为离群点剔除。剔除了X店和Y店以后的散点图，就可以代表整体趋势。

我们能够发现离群点，是因为如上述所言，通过描绘散点图，得以从视觉上获取信息。从表格中的数据去识别离群点虽然也可行，但数据量增加后就会变得困难。这就是在直接计算相关系数之前要先描绘散点图的原因。

在剔除离群点的时候，可以从以下三个角度来考虑。

·在散点图上，把视觉上看起来与其他数据的集合

分离开来

- 离群点的数量与总数相比并不多
- 有定性的理由可以支持剔除离群点

初期的数据，有可能是偶然获取的，需要判断是否应该用一个数据来代表整体的情况。

STEP UP!

为了验证气温与到店顾客数有关联性的假设，制作了如下散点图。横轴是气温，纵轴是单日平均到店的顾客数。对此可以进行怎样的解释呢?

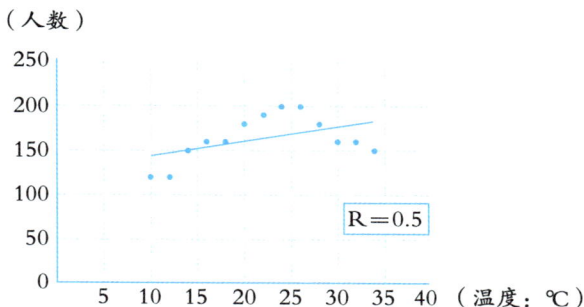

相关系数是0.5。虽然不是很高的数值，但也可以考虑气

温与到店顾客数存在相关性。

另一方面，请思考一下气温与到店顾客数本身是如何变化的。可以想象，寒冷与炎热的时候顾客数都会减少。

所以应该考虑的不是"气温与到店顾客数是否相关"，而是"是否存在某个具体温度值会使到店顾客数增加"。

人们一有数据可能就会想转化为图表，并且考虑根据图表进行解释。然而，如果不加注意，就会变成一切以图表为准，变成解释图表了。

为了避免这种情况发生，在进行图表化之前，要先考虑清楚数据之间的相关性，再转化为图表。

刚才的散点图是以所有的数据为基础制作的，但其实应该把某个气温以前的趋势和某个气温以后的趋势分开，转化成两个散点图，这样更符合自然规律。

实际以25℃为界，把25℃以下的情况和25℃以上的情况区分开来描绘成散点图，得出以下图表。相关系数的绝对值都是0.95，是非常理想的值。

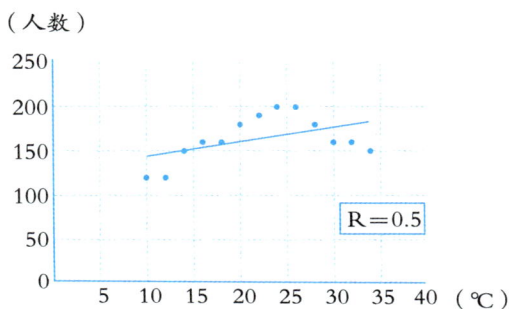

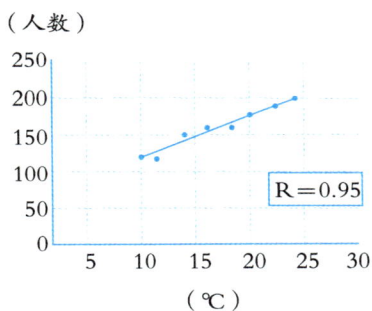

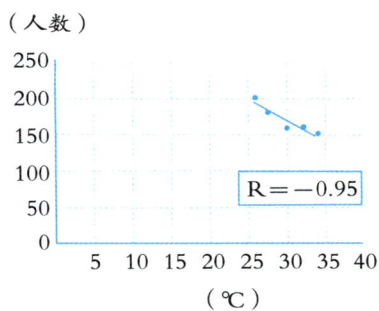

相关系数只是一种指标，重要的是要结合定性的意义来思考。在应用时，要考虑哪个范围的数据可以视作同一范畴的。要做到这一点的话，"描绘图表，用头脑来判断"很重要。而且，这样的判断，事实上只有人才能做到。

描绘散点图，将相关系数的计算交给计算机，另一方面，要清楚知道人应该思考什么事情，要灵活地运用相关性。

小结

- ✓ 相关性的计算是计算机擅长的范畴
- ✓ 不单单依赖于相关系数，这点很重要，务必描绘出散点图来观察
- ✓ 在描绘散点图之前，认真思考可能会出现怎样的分布
- ✓ 没必要对所有的信息一律用相同的方法来处理。可以剔除离群点，也可以把数据分组
- ✓ 定性的解释也很重要

218

理解AI

因AI成为当今主流的智能学习工具，所以要对以往的方法进行改善。同时，通过对数据的活用，可以获得以前无法得到的答案。而且，这条道路今后很可能会有更长远的发展。那么，智能学习具体是怎样的一种方法呢？

在讲智能学习之前，首先说明一下以前是怎样对计算机发出指令的。在考虑对计算机发出指令时，有3个必要因素：输入（input），程序算法，输出（output）。

其中最重要的就是程序算法。充分考虑这个程序（程序算法），是对计算机发出指令的基础。由人去努力思考程序算法，就是一直以来使用的方法。

一直以来的方法

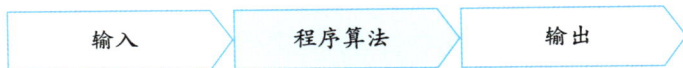

输入	程序算法	输出

针对输入内容，为了要得到想要的输出，
由人去努力思考程序算法（逻辑）

而另一方面，智能学习的话，作为基础的程序（程序算法）不是由人来拟定，而是由计算机通过学习后自己去拟定的。可以大致理解为，计算机根据大量的输入数据和与之对应的输出数据，计算出输入和输出之间的相关性。

这样一来，人应该做的事，就不是思考程序算法，而是准备大量的输入数据和输出数据了。在这个过程中，计算机会根据数据来找出输入和输出之间的关联性，也就是可以发现程序算法。

机器学习的方法

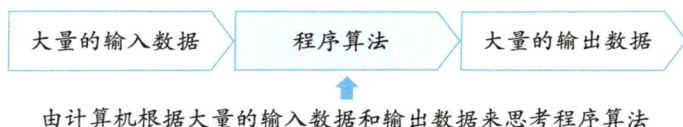

| 大量的输入数据 | 程序算法 | 大量的输出数据 |

由计算机根据大量的输入数据和输出数据来思考程序算法

我们用事例来进行补充说明。

例如，假设现在要拟定一个程序算法，输入是照片，输出是表情认知，即识别照片里的脸是在生气、是在笑还是哭。

在这种情况下，如果使用以前的方法，就要对头像照片的要素进行分解，指定哪个部位应该怎样观察，在怎样的条件下判断为"在生气"，在怎样的条件下判断为"在笑"，这些都是由人来思考并拟定程序算法。

输入	程序算法	输出
头像照片		在生气 在笑 在哭泣

详细指定人对哪个要素是怎样观察的

相对地，如果采用机器学习的方法，最初的一步是准备输入和输出的数据。要准备多张头像照片作为输入数据，并且判断照片里面的表情是"在生气"，还是"在笑"，或是"在哭"，作为输出的数据来使用。

也就是说，把表情作为标签和照片对应，并且，把大量头像照片和对应的照片都录入计算机。最后，计算机就会参考大量的数据，思考可以识别表情的程序算法。

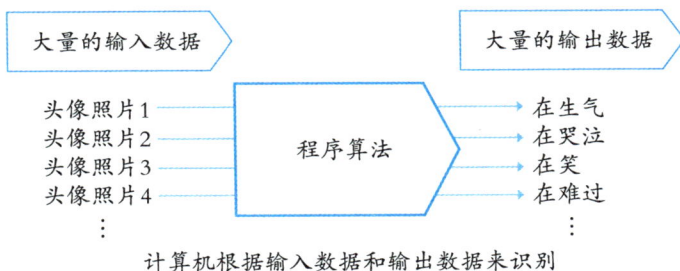

大量的输入数据		大量的输出数据
头像照片1 头像照片2 头像照片3 头像照片4 ⋮	程序算法	在生气 在哭泣 在笑 在难过 ⋮

计算机根据输入数据和输出数据来识别

在机器学习的过程中，可以通过以下步骤来让计算机思考程序算法。

1. 决定什么作为输出

2. 决定什么作为输入

3. 准备多个输出和输入的组合

1. 决定什么作为输出

刚才的例子是以脸部表情作为输出，下面我们以销售额为输出来讲解。因为销售额作为目标非常明确，而且从量化的角度来说，可以用金额来表示，是非常清晰易懂的输出。

另外，如果以"学习"为例的话，情况会怎样？以学会了或者没学会作为输出，虽然可以作为方向，但是很难找到清晰的判断标准。

以往我们会以测试的分数作为是否学会的结果指标，但测试的意义不外乎是对记忆的确认，要充分考虑好定义以及具体要如何量化。

如上所述，在实际业务中，确定以什么作为输出是最重要的工作。

需要充分考虑"这个输出是要获得什么""这个输出可以用什么来计量"，还要考虑"怎样可以量化"。

2. 决定什么作为输入

决定输出的内容以后，需要尽可能找出可能对这个输出内容产生影响的输入内容。数据越多，程序算法的精度越高。而且，对大量的数据进行处理是计算机擅长的事。因此，要有意识地找出尽可能多的可能对输出产生影响的内容。

另外，和输出一致，输入在最后也要进行量化。大家在罗列输入内容时，同时要有意识地思考如何能够进行量化。

3. 准备多个输出和输入的组合

输出和输入确定以后，最后一步就是准备多个这种数据的组合，把这些数据录入计算机。

现在需要的是，输入和输出的大量数据。如果输入的数据和输出的数据都已经齐全了，就没问题；另外，如果在某些地方已经存在这些信息，只要收集过来即可。

另一方面，如果需要重新收集数据，以后是否能够固定地获取数据也要一并考虑。

你在人才培养公司工作，主要负责邀请社会人士来听本公司的讲座。上司交代你，希望能够使用AI进行判断，向有意愿听讲座的人员推荐合适的讲座。你的手上有过往的实际数据，知道什么讲座比较受哪一类人群欢迎。

你考虑制作AI程序，以什么讲座受欢迎（推荐什么比较合适）作为输出，那么什么内容可以作为输入呢？请思考几个可能与推荐讲座有关系的因素。

解答

与所属企业有关的信息可能有行业、职位、部门、企业规模，与听讲座的人有关的信息可能有年龄层、性别等。

例如，如果收集到了以下关于输入和输出的数据，就要以输入数据和输出数据组合的形式来录入计算机。

这样的话，把行业、职位、部门、企业规模、讲座购买者的年龄作为输入数据录入后，计算机就会根据对过往实际数据进行学习的结果，作为输出，推荐哪些讲座科目比较合适。

输入					程序算法	输出
行业	职位	部门	企业规模（单位：人）	购买者年龄（左右）		科目
流通	部长	开发	100	40		逻辑思考
厂家	科长	研究	1000	30		经营战略
制造	系长	销售	2000	30		市场营销
化学	系长	市场	10 000	50		财务
教育	科长	销售	5000	30		会计
金融	部长	企划	1000	50		领导力
政府	部长	销售	300	40		市场营销
化学	科长	企划	300	40		会计
制药	系长	管理	200	40		逻辑思考
金融	员工	研究	30	30		经营战略
流通	部长	制造	500	40		财务
IT	员工	管理	3000	50		领导力
咨询	员工	开发	7000	40		市场营销
精密	员工	研究	200	30		经营战略
化学	系长	制造	2000	40		财务
制药	科长	销售	1500	40		财务
厂家	部长	销售	5000	30		逻辑思考
金融	系长	市场	10 000	50		领导力
商社	员工	研究	100	50		经营战略
媒体	部长	开发	200	40		市场营销

从学习的意义来说，实际上不止于此。计算机推荐的科目，在推荐之后，最终是否真的销售出去了；或者说，购买者是否选择了别的科目，这些结果可以作为数据进行积累。这样，讲座课程是如何销售出去的，相关数据就能进一步累积起来。

通过这样去做，累积起来的数据就能用于下一次学习，形成良性循环。

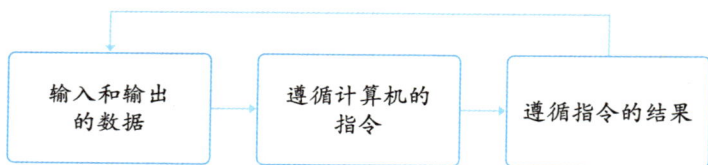

```
┌──────────────┐    ┌──────────────┐    ┌──────────────┐
│  输入和输出   │───▶│  遵循计算机的  │───▶│  遵循指令的结果 │
│   的数据      │    │    指令       │    │              │
└──────────────┘    └──────────────┘    └──────────────┘
```

因此，哪怕最初的数据非常粗略，重要的是尝试迈出第一步。虽然数据量较少，结果输出的数据精确度也不高，但是一旦开始尝试了，数据就会进一步积累，产生更高的价值，形成良性循环。所以，大家要重视速度，尽快着手去做。

过往是由人来思考程序算法。只要准备数据，计算机就能推导出程序算法，这是以前从未有过的方法。

而且，这是一个信息量越大，精确度越高的划时代的方法。今后，是否能够充分运用这种方法，就决定了能取得怎样截然不同的结果。

大家要切实理解机器学习是怎样的一种方法，以及输出、输入的数据化的关键作用。

小结

✓ 机器学习是由计算机来拟定程序算法，是从前没有过的方法

✓ 程序算法是基于大量的输入及输出数据，由计算机所拟定

✓ 人的职责是，准备输出和输入的定义以及数据

✓ 输出的定义和量化的方法最为重要

✓ 积存的数据会产生更高的价值，所以迈出第一步非常重要

毕业考试

接下来就是最后的毕业考试了。

> "持续用下去很重要，因为通过积累，就能使
> 能力增长"，请大家使用目前学到的知识，为这个
> 说法增强证据的力度。

首先，是使证据具体化。我们把"通过积累，就能使
能力增长"具体化，具体化的方向是明确状况和给出量化信
息。现在，我们先尝试明确状况。怎样积累才好呢？具体来
说就是"通过日常积累，就能使能力增长"。

接下来考虑量化信息。在这里，参考"重要的是转化
为有实在感觉的数字"的思路，尝试计算一下"通过日常积

228

累，就能使能力增长"具体是怎样的程度。假设日常按每周计算，与上一周相比，只成长了1%，那么1年有52周，所以计算1.01的52次方，就是（1.01）^{52}＝1.68

也就是说，如果每周都比前一周成长1%，能这样持续努力下去的话，1年后能力就会增长约为1.7倍。

其次，根据"需要对多个可能性进行不断摸索并思考"的思路，尝试改变成长的程度。刚才假设每周比前一周只成长1%，如果前提是再努力一些的话，假设每周比前一周成长3%，那么进行同样的计算，1.03的52次方是4.65。

再次，根据"掌握反面的信息，最终可以使证据更加强而有力"的思路，假设每周都偷懒1%，那么进行计算，0.99的52次方是0.59。

哪怕只是1%，只要每周持续成长，那么1年后就有可能提升1.7倍的能力；而且，如果成长率达到3%的话，就能更大幅度地成长，能力提升至约4.7倍。相反，如果成长率是负数的话，即使是1%那么小的幅度，1年后能力就会变成约0.6，即丧失了40%的能力。

最后，让图表去工作。以时间作为Y轴的图表，数据有连续性，不会不协调，所以可以用折线图。

持续用下去很重要，因为通过日常积累，就能使能力增长

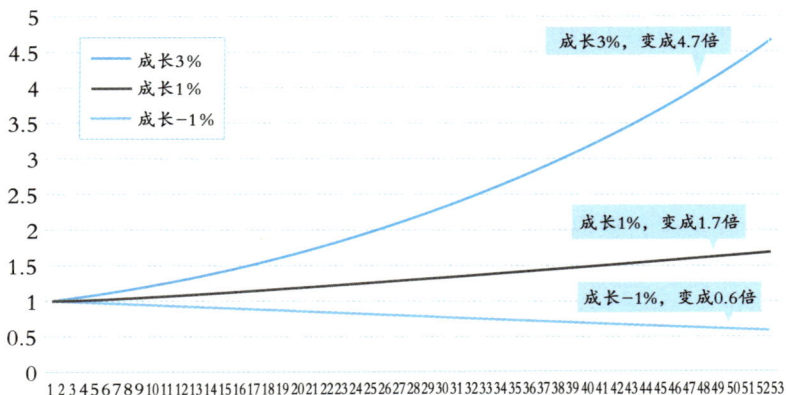

| 成长3%，变成4.7倍 |
| 成长1%，变成1.7倍 |
| 成长−1%，变成0.6倍 |

图例：
- 成长3%
- 成长1%
- 成长−1%

"持续用下去很重要，因为通过积累，就能使能力增长"的证据得以增强了。

那么，我们回想刚才的思路，今后进行持续实践的时候，应该有哪些意识呢？要点有三个。

1. 把身边的话题作为题材

建议大家把上述的"持续用下去很重要，因为通过积累，就能使能力增长"这种身边的话题作为题材。要进行实践的话，不需要寻找什么特别的案例，日常"稍微在脑海中浮现的问题""想告诉某些人的话"就可以了。为了能够做

得更好，哪怕是花两三分钟思考，这样在一天里面稍微进行思考的话，一年后也会带来很大的变化。

2. 把多个不同的思路组合起来使用

这次毕业考试也是，像刚才中途所介绍的那样，同时采用了好几个思路。相反，一个思维技巧就能解决的事情其实非常罕有。思路的顺序或组合都没有固定的模式，所以尽管要分步骤很不容易，还是希望大家尽量积极地尝试多个可能的思路。

3. 活用根本的思路，灵活应用

上述要点中也有提到，在毕业考试中介绍的思路，与各章节中介绍的内容不完全相同。例如，第2章第6讲提到的"需要对多个可能性进行不断摸索并思考"是尝试不同的分解方法，而这次毕业考试中，说的不是分解观察，其根本的思路是，尝试用多个数值来分析，所以不仅用了1%，也用了3%进行计算。第1章第3讲提到的"掌握反面的信息，最终可以使证据更加强而有力"也是，不一定用在相同性质的事例中。这里应用了根本的思路"考虑相反的情况"，不仅计算正面的结果，也计算了负面的情况。

　　希望大家能够像这样，活用根本的思路（底层逻辑），并能够进行应用。这样的话，使用的范围就能扩大，同时能够创造更多日常实践的环境。

　　"持续用下去很重要，因为通过积累，就能使能力增长！"

　　今后，大家实践的地方就是日常生活，希望大家能够在各种主题和状况中活用根本思路并享受逻辑思考的乐趣。

后记

　　在日本宣布了紧急事态的情况下，通过这样的方式来书写后记，这在开始写原稿的2019年7月肯定不用说，即便在令和二年新年后完成初版校对的时候都是没有想到的事。在这样历史性的状况下，还能获得出版的机会，我心存感激。

　　本次出书的契机，是两年前制作的25个练习题。"很细微却很重要的事情"要怎么做才能长期留在记忆中呢？为此，我制作了能够在互联网上进行十分钟作答的练习题。在那之后，我所负责的授课班级中，也继续将这些出版内容用作训练习题，它们作为思考能力强化的方法，我认为取得了一定的成效。

　　这次，我尝试把这些内容通过书籍这种媒介表现出来。其中，有多少内容能让大家恍然大悟，这全凭大家去感受，但如果有那么一两个内容能够为大家今后的思维方式提供一些线索，这将是我的荣幸。

最后，谨此向细心帮助我探讨怎样写读者才更容易理解的东洋经济新报社的若林千秋先生、根据多次出版经验给予我宝贵建议的同事嶋田毅先生、课程中积极配合的多位朋友，以及在两年前的夏天连续25天跟进观察25个练习题的伙伴们，表达诚挚的谢意。

2020年4月

参考文献

新井紀子著

　　『AI vs.教科書が読めない子どもたち』東洋経済新報社、2018年

草野俊彦著

　　『教養としてのプログラミング的思考』 サイエンス・アイ
新書、2018年

グロービス著、鈴木健一執筆

　　『定量分析の教科書』 東洋経済新報社、2016年

グロービス著、吉田素文執筆

　　『ファシリテーションの教科書』東洋経済新報社、2014年

グロービス経営大学院著

　　『改訂3版　グロービス MBA クリティカル・シンキング』ダイヤモンド社、2012年

齋藤嘉則著

　　『新版　問題解決プロフェッショナル』ダイヤモンド社、2010年

竹内薫著

　　『数学×思考=ざっくりと』丸善出版、2014年

照屋華子・岡田恵子著

　　『ロジカル・シンキング』東洋経済新報社、2001年

西内啓著

　　『統計学が最強の学問である　実践編』ダイヤモンド社、2014年

　　バーバラ・ミント著、山﨑康司訳、グロービス・マネジメント・インスティテュート監修

　　『新版　考える技術・書く技術』ダイヤモンド社、1999年

矢野和男著

　　『データの見えざる手』草思社文庫、2018年（単行本：2014年）

作者介绍

顾彼思商学院（GLOBIS）

自1992年成立以来，一直以"构筑由'人力''财力'和'智力'组成的管理生态系统，推动社会的创新与变革"为发展目标，推进各种事业的开展。

顾彼思所开展的事业有：

- 顾彼思经营大学院
- ·日语（东京、大阪、名古屋、仙台、福冈、线上）
- ·英语（东京、线上）
- 顾彼思商务技能学校（GLOBIS Management School）
- 顾彼思企业培训机构（GLOBIS Corporate Education）

（面向企业开设的人才培养服务／日本·上海·新加坡·泰国）

●顾彼思投资公司（GLOBIS Capital Partners）（风险投资事业）

●顾彼思出版（出版／电子出版事业）

●顾彼思知见录／顾彼思 Insights（自由媒体、智能手机App）

其他事业

● 一般社团法人G1（会议运营）

● 一般财团法人KIBOW（震灾重建支援活动、社会投资）

● 株式会社茨城机器人·体育娱乐（专业篮球队伍运营）

撰稿者介绍

冈　重文（Oka Shigefumi）

顾彼思经营大学院教授。京都大学研究生院工学研究科应用系统科学专业硕士毕业，工学硕士。入职NTT DATA。曾在普华永道会计师事务所工作，其后2000年入职顾彼思。在负责企业研修工作、参与e-Learning事业的启动工作后，在经营管理本部统管信息系统部门以及人事·总务工作。目前在学院本部，从事课程内容开发以及讲师培养相关工作，担任思维领域的责任人，著作有《逻辑思考》（PHP研究所）。